# Der blühende Balkon

Jörn Pinske

# Der blühende Balkon

## Die schönsten Pflanzen für Kübel und Kästen

### Mit vielen Praxistipps

FALKEN

# Inhalt

## Pflanzenporträts – Bewährtes und Neues

# Möglichkeiten der Balkongestaltung

● Classic line – die beliebtesten Balkonblumen

● Garden line – Nutzpflanzen auf dem Balkon

# Classic line – die beliebtesten Balkonblumen

**W**er wünscht sich nicht, dass Balkon und Terrasse zum „grünen" Zimmer im Freien werden? Um dies zu erreichen, eignen sind neben den klassischen und den neuen Balkonblumen auch Kübelpflanzen aus sonnigen Regionen oder interessante Gehölze. Auch der, der nur einen kleinen Balkon besitzt, muss darauf nicht verzichten. Platz für Blumenkästen, Töpfe, Kübel oder kleine Tröge findet man auf kleinstem Raum. Wer sich das konkrete Ziel setzt, seinen eigenen „Blumentraum" auf Balkon oder Terrasse zu gestalten, wird es auch bald erreichen.

Die eigentlichen Klassiker, neudeutsch „Classic line", unter den Balkonpflanzen liegen seit Jahren unverändert in der Gunst der Hobbygärtner ganz oben. Doch es gibt natürlich von den altbekannten Balkonblumen neue Sorten mit vielfätigen Farben, veränderten Wachstumseigenschaften und Standortbedürfnissen. Die wichtigsten Balkonpflanzen sind in der neben stehenden Tabelle jeweils mit ihrem botanischen Namen und ihrem gebräuchlichen deutschen Namen angegeben.

| Altbekannte Balkonblumen | |
| --- | --- |
| **Botanischer Name** | **Deutscher Name** |
| Ageratum houstonianum | Leberbalsam |
| Alyssum maritimum | Steinkraut |
| Argyranthemum frutescens | Strauchmargerite |
| Begonia semperflorens | Schiefblatt |
| Begonia Tuberhybrida | Knollenbegonie |
| Bidens ferulifolia | Goldmarie |
| Brachycome multifida | Blaues Gänseblümchen |
| Calceolaria rugosa | Pantoffelblume |
| Coleus blumei | Buntnessel |
| Convolvulus mauritanicus | Blaue Mauritius |
| Dianthus caryophyllus | Gartennelke |
| Dimorphotheca ecklonis | Kapmargerite |
| Fuchsia-Hybride | Gartenfuchsie |
| Gazania splendens | Mittagsgold |
| Heliotropium arborescens | Vanilleblume |
| Impatiens walleriana | Fleißiges Lieschen |
| Lantana camara | Wandelröschen |
| Lobelia erinus | Männertreu |
| Lysimachia congestifolia | Gelber Felberich |
| Pelargonium zonale | Zonalpelargonie |
| Pelargonium peltatum | Efeupelargonie |
| Petunia multiflora | Petunie |
| Petunia-Hybride | Gartenpetunie |
| Salvia splendens | Feuersalbei |
| Sanvitalia procumbens | Husarenknopf |
| Scaevola aemula | Fächerblume |
| Senecio bicolor | Silberblatt |
| Tagetes erecta | Studentenblume |
| Verbena-Hybride | Eisenkraut |

zur optimalen Entwicklung. Dazu passen auch mediterrane Gehölze wie Rosmarin und Lavendel. Zwar können auch solche Sonnenpflanzen vorübergehend in den heißen Mittagsstunden welken, doch sie erholen sich schnell wieder.

Sonnige Balkone und Terrassen sind nach Südwesten oder Südosten ausgerichtet oder es handelt sich um teilweise beschattete Südseiten. Sie sind sehr hell und erhalten nur in der Mittagszeit volles Licht. Eigentlich sind mehr als 70 Prozent aller Balkonpflanzen für diesen Standort bestens geeignet. Zu viel Licht ist nicht das Problem, doch müssen sich die Pflanzen erst auf den Standort einstellen, sie müssen sich an das Licht gewöhnen können. Hierher gehören Geranien, Strohblumen, Wandelröschen, Elfenspiegel, Elfensporn, Surfinia, Petunien und die blauen Gänseblümchen.

# Pflanzen für sonnige Standorte

Vollsonnige, unbeschattete Standorte, Balkone an hohen Häusern oder in Berglagen sind einer Lichtintensität ausgesetzt, die von wenigen Pflanzen vertragen wird. Meist sind es sukkulente (fleischige), mindestens halbsukkulente Pflanzen, oder solche mit lederartigen oder grauen Blättern Gut geeignet für vollsonnige Standorte sind Gazanien, Mittagsblumen, Portulakröschen, Kapmargeriten und Strohblumen. Sie brauchen sogar die hohen Einstrahlungswerte

## PRAXIS-TIPP

Pflanzen an sonnigen Standorten zuerst mit einem Papierbogen schattieren oder Balkonkästen und Schalen an einem trüben Tag bepflanzen.

# Pflanzen für Halbschatten und Schatten

Halbschattige Standorte sind nach Nordosten und Nordwesten gerichtet. Diese Plätze sind immer noch hell genug für Pflanzen aus subtropischen und tropischen Waldregionen. Fuchsien, Begonien, fleißige Lieschen und Edellieschen, das heißt Pflanzen mit weichen, teilweise behaarten, größeren Blättern, kommen hierfür in Frage. Auch Pantoffelblumen, Vanilleblumen, Knollenbegonien, Männertreu, Geranien und Petunien sind geeignet.

Sogar ein schattiger Nordbalkon lässt sich noch bepflanzen. Es gibt eine Reihe von Balkonblumen, die in der frischen Kühle erst richtig aufblühen. Vor allem Fuchsiensorten, Knollenbegonien und Edellieschen gedeihen hier, aber auch Blattpflanzen wie Weihrauchnessel oder Gundermann. Gut geeignet sind darüber hinaus Zimmerefeusorten, denen man hier einen Sommerurlaub gönnt, ehe sie wieder im Haus überwintern. Erweitern lässt sich das Sortiment mit Gartenstauden wie Geißbart, Fingerhut und Silberkerze oder Funkie. Von einigen wurden extra niedrige Sorten für den Balkon gezüchtet.

Neben dem Licht müssen aber noch weitere Wachstumsfaktoren beachtet werden, die man in ihrer Gesamtheit als Kleinklima bezeichnet: Wind, geographische Lage, Temperatur, Pflanzgefäß, Wasserqualität und Nährstoffe.

Blumen, die auch noch Wind vertragen sind Leberbalsam, Beetbegonie, Zwergmargerite, Gazanie, fleißiges Lieschen und die Neuzüchtungen der Edellieschen, Duftsteinrich, Husarenknöpfchen und Eisenkraut.

**Links:**
Fleißiges Lieschen, eine der dankbarsten Pflanzen für den Sommergarten

**Rechts:**
Die Gazanien verlangen viel Licht, aber dafür sind sie nicht windempfindlich

# Garden line – Nutz-pflanzen auf dem Balkon

**N**eben den allseits bekannten Balkon- und Sommerblumen finden sich zunehmend auch andere Pflanzen im „Wohnzimmer im Freien". Man spricht auch von der „Garden line", um den Gartencharakter der Zusammenstellung zu beschreiben. Große und kleine Pflanzen werden auf engstem Raum kombiniert. Dazu gehören solche mit mediterranem Charakter, wie Zitrusgewächse, der bekannte Oleander und Palmen. Man bezeichnet diese Gruppe auch als Kübelpflanzen. Es sind vor allem mehrjährige Pflanzen, denn sie sollen ja schon möglichst groß

sein, um solitär eingesetzt werden zu können. Für die Gestaltung seiner grünen Oase sollte man sich nicht nach Trends, sondern nach seinem Geschmack richten. Allerdings gibt es zur Auswahl Leit-, Hänge- und Begleitpflanzen, die es entsprechend zu kombinieren gilt. Die farbliche Zusammenstellung ist nicht zuletzt von der Umgebung abhängig.

Die „Garden line" verlangt eine intensive Planung, damit weder die Begleit- noch die Solitärpflanzen die Oberhand gewinnen. Die Blütezeit sollte über die gesamte Saison reichen. Wer wenig Zeit zur Pflege hat, bevorzugt Pflanzen, die kaum ausgeputzt oder beschnitten werden müssen. Beispiele dafür sind das blaue Gänseblümchen, die Verbene oder Schneeflockenblume.

„Garden Line", das ist aber auch der Gemüse- oder der Kräutergarten auf dem Balkon. Vorbei sind die Zeiten, wo man nur bunte Sommerblumen in Kästen oder in Schalen setzte. Am schönsten sieht es aus, wenn man Töpfe und Kästen zu Gruppen arrangiert.

Außerdem ist so ein Topfgarten auch praktisch, lässt er sich doch

**Feuerbohnen sind nicht nur schön in der Blüte, sie sind auch noch geschmackvoll und schützen vor „fremden" Blicken**

immer wieder neu arrangieren. Die gerade am schönsten blühenden Pflanzen können ins Rampenlicht gerückt werden. In Blühpausen oder nach einem Rückschnitt wandern sie etwas weiter nach hinten, bis sie sich erholt haben. So ändert sich Ihr Topfgarten Woche für Woche. Beiwerk sind auch schon die Gefäße selbst: Tongefäße sehen sogar hübscher aus, wenn sie schon Patina angesetzt haben. Im Mittelpunkt stehen meistens mehrere Leitpflanzen. Das können mehrjährige oder einjährige Kübelpflanzen, Palmen oder diverse andere Gehölze sein.

## Kübelpflanzen

Wer einen größeren Balkon oder eine Terrasse besitzt, dem bieten sich mit Kübelpflanzen mannigfaltige Gestaltungsmöglichkeiten an.

Wenn man den Problemen der Überwinterung ausweichen will, gibt es als interessante Alternative die Sommerkübel mit einjährigen Pflanzen. Ein weiterer Vorteil der einjährigen Pflanzen: Ihr Balkon kann jährlich Farbe und Form wechseln. Die Einjährigen erreichen jedoch nie die teilweise imposante Größe der mehrjährigen Kübelpflanzen.

Der Topfgarten lässt sich täglich neu arrangieren. Hier stehen Helichrysum und Fleißiges Lieschen im Rampenlicht

Links:
Zitrusbäumchen gehören einfach zum mediterranen Sommergarten

Rechts:
Die Hanfpalme verträgt an geschützten Standorten sogar Minusgrade. Der Balkongarten Beginnt früh und dauert länger

| Die bekanntesten Kübelpflanzen und einige Pflegehinweise | | | | |
|---|---|---|---|---|
| Botanischer Name | Deutscher Name | Sommer-pflege | Weitere Pflegehinweise | Überwinterung |
| *Agapanthus africanus* | Schmucklilie | – häufig gießen<br>– wöchentlich düngen mit Kübelpflanzen- oder Volldüngern bis Mitte August | – große Gefäße wählen<br>– mindestens alle zwei Jahre umtopfen | – 5–8 °C<br>– hell<br>– erdfeucht halten, trotzdem Fäulnis vermeiden |
| *Agave americana Agave americana 'Aureo-variegata'* | Agave | – nur wenig gießen | – nährstoffarme Kakteenerde verwenden, nicht zusätzlich düngen | – 6–8 °C<br>– fast kein Wasser |
| *Aucuba japonica* | Fleischer-palme | – häufig gießen<br>– wöchentlich düngen bis Ende August<br>– nicht zu viel Stick-stoff | – alle drei Jahre umtopfen, nicht zu kleine Gefäße wählen | – hell, luftig, frost-frei, feucht halten<br>– ausgepflanzt manchmal winter-hart |
| *Bougainvillea glabra* | Bougain-villea | – vollsonnig, warm<br>– reichlich gießen und düngen<br>– Eisengabe | – vor Staunässe schützen | – kühl bei 5–10 °C<br>– fast trocken<br>– nach Laubfall auch dunkel |
| *Cassia corymbosa* | Kassie Gewürzrinde Kerzenstrauch | – reichlich gießen<br>– von Mai bis Septem-ber wöchentlich dün-gen, von Mai bis Juni stickstoffbetonter Dünger | – im Herbst zurück-schneiden, im März nur noch Korrekturschnitt, blüht von Juni bis zum Frost | – hell, bei 5–10 °C<br>– erdfeucht halten |
| *Cestrum aurantiacum* | Hammer-strauch | – Rückschnitt im März, alle starken Triebe schneiden | – kleine Triebe nicht schneiden | *siehe* Gewürzrinde |
| *Citrus aurantium Citrus limon Citrus sinensis Fortunella japonica* | Bitterorange<br><br>Zitrone<br><br>Apfelsine/ Orange<br>Kumquat | – ab März nicht unter 12 °C<br>– düngen ab April, Spezialdünger mit hohem Stickstoff-anteil, Eisen und Zink wählen | – bis auf Kumquat nicht unter 8 °C überwintern, höhere Tempera-turen möglich | – Rückschnitt nur aus formalen oder Platzgründen |

## Die bekanntesten Kübelpflanzen und einige Pflegehinweise

| Botanischer Name | Deutscher Name | Sommerpflege | Weitere Pflegehinweise | Überwinterung |
|---|---|---|---|---|
| *Datura candida* | Datura, Stechapfel | – reichlich gießen, manchmal auch zweimal pro Tag<br>– wöchentliche Volldüngergabe Ende Mai bis Mitte September. Zusätzlich Stickstoff- und Eisendünger | – als Kübelpflanze nur alle 3–4 Jahre umtopfen, sonst die oberste Erdschicht erneuern und dabei Langzeitdünger einarbeiten | – 6–8 °C<br>– nur wenig gießen<br>– vor dem Einräumen Rückschnitt<br>– umtopfen, nochmaliger Rückschnitt Anfang März, hell stellen, 10–12 °C, gießen. |
| *Erythrina crista-galli* | Korallenstrauch | – stickstoffreduziert düngen | – beim Einräumen Triebe kurz über dem alten Stamm abschneiden, nur 10–15 cm belassen | – nicht über 6 °C<br>– dunkel<br>– strenge Ruhe von Oktober bis Ende März, kein Wasser |
| *Ficus carica* | Feigen | – viel gießen<br>– wöchentlich von Mai bis September düngen, Volldünger oder Jauche | – umpflanzen nur alle 6–12 Jahre<br>– für guten Wasserabfluss sorgen | – nur eben frostfrei, kann auch dunkel überwintert werden<br>– viel Frischluft<br>– wenig gießen |
| *Nerium oleander* | Oleander | – sonniger Standort<br>– ab Mai reichlich gießen und düngen | – im Herbst wegen Knospenbildung nicht schneiden | – verträgt Temperaturen bis –5 °C, ideal 10 °C |
| *Punica granatum 'Nana'* | Zwerggranatbaum | – ab Anfang August nicht mehr düngen, nur noch sparsam gießen | – Schnitt beim Einräumen<br>– schwache Triebe wegnehmen, stärkere entspitzen | – kühl, luftig nicht über 8 °C<br>– mäßig gießen |
| *Tibouchina urvilleana* | Tibouchina | – verträgt Halbschatten | – regelmäßiger Schnitt erforderlich | – so hell wie möglich<br>– bei 10 °C oder warm überwintern |

| Palmen für den Balkon | | |
|---|---|---|
| **Botanischer Name** | **Deutscher Name** | **Kulturhinweise** |
| *Butia capitata* *Syn. Cocos australis* | Gelee- oder Butiapalme | – hell, 6–8 °C<br>– Jungpflanzen 10–12 °C |
| *Chamaerops humilis* | Zwergpalme | *siehe* chinesische Hanfpalme |
| *Phoenix canariensis* | Kanarische Dattelpalme | – Überwinterung bei 6–8 °C, hell, zeitweilig niedrigere Temperaturen, kein Frost<br>– lehmhaltiges Substrat, selten umpflanzen<br>*siehe* kanarische Dattelpalme |
| *Phoenix dactylifera* | Dattelpalme | – nur kleine Pflanzen wärmer, sonst wie kanarische Dattelpalme |
| *Phoenix reclinata* *Syn. Phoenix leonensis* | Dattelpalme (Zurückgebogene oder Senegalesische Dattelpalme) | – im Frühjahr reichlich Stickstoff<br>– lehmhaltiges Substrat, selten umpflanzen |
| *Phoenix roebelenii* | Dattelpalme (Roebelins, Dattelpalme, Zierliche Dattelpalme) | – hell, jedoch wärmer als die anderen Dattelpalmen<br>– im Frühjahr reichlich Stickstoff geben<br>– lehmhaltiges Substrat, selten umpflanzen |
| *Trachycarpus fortunei* | Hanfpalme (Chinesische Hanfpalme) | – hell, 6–8 °C, früh wieder ins Freie<br>– verträgt, abgehärtet bis –4 °C<br>– ab August Dünger mit hohem Kalianteil wählen, vorher mehr Stickstoff<br>– lehmhaltiges Substrat, selten umpflanzen |
| *Washingtonia filifera* *Washingtonia robusta* | Washington Palme | – 4–8 °C, nicht zu dunkel<br>– nicht zu früh ins Freie, da Verbrennungsgefahr<br>– Palmendünger anwenden<br>– lehmhaltiges Substrat, selten umpflanzen |

Für die „Wegwerfkübelpflanzen" sind Besonderheiten bei der Auswahl zu beachten: Zum einen kann man schnell wachsende, halbhohe oder breitwachsende Arten wählen, zum anderen interessante Kombinationen mit verschiedenen Pflanzenarten und Sorten. Zusätzlich kann je nach Mode ausgewählt werden – bunt gemischt oder Ton in Ton. Bei unbekannten Sorten sollte man der bunten Pflanzung

| Auswahl geeigneter einjähriger Solitärkübelpflanzen[1] | | |
|---|---|---|
| **Botanischer Name** | **Deutscher Name** | **Sorten** |
| *Agastache mexicana* | Gewürz- und Teekraut | 'Purpur Melisse' 'Toronjil Morado' |
| *Argyranthemum frutescens* | Strauchmargerite | 'Dana' |
| *Astilbe arendsii* | Prachtspiere | 'Grande' (Staude) |
| *Canna-Hybriden* | Blumenrohr | 'Tropical Rose' |
| *Cosmos bipinnatus* | Schmuckkörbchen, Kosmee | 'Karminrote Töne' |
| *Eucalyptus* | Eucalyptus | 'Silbertropfen' |
| *Lobelia speciosa* | Hohe Lobelie | 'Fan' 'Zinnoberrot' 'Kompliment Blau Orchidrosa' |
| *Salvia farinacea* | Ährensalbei | 'Mauritius' 'Victoria' 'Gruppenblau' |

[1]  Nach Lehr- und Versuchsanstalt Gartenbau, Erfurt

den Vorzug geben. Für Kombinationen Ton in Ton ist es sehr wichtig, die Sorten und damit die Farben genau zu kennen.

Zusätzlich sollten Sie für die Garden line eine Leitpflanze auswählen. Diese sollte aufrecht und wenig buschig wachsen, eine lange Blütezeit besitzen oder eine dekorative Wirkung durch besondere Laubfärbung oder -form erzielen. Die Begleitpflanzen müssen den Übergang schaffen. Geschickt eingesetzte Hängepflanzen vervollständigen das Gesamtbild.

Eine Auswahl geeigneter einjähriger Kübelpflanzen vermittelt die oben stehende Tabelle.

Das Indische Blumenrohr (Canna) ist eine imposante Leitpflanze. Neue Sorten geraten etwas kleiner und sind buntlaubig

# Kletterpflanzen

Kletterpflanzen für Balkon und Terrasse schützen vor neugierigen Blicken, spenden Schatten oder geben Windschutz.

| Kletterpflanzen für den Balkon | | |
| --- | --- | --- |
| Botanischer Name | Deutscher Name | Stand/Höhe |
| **Einjährige Kletterpflanzen** | | |
| Cobaea | Glockenrebe | sonnig – halbschattig, 2–5 m |
| Eccremocarpus | Schönranke | sonnig, 2–3 m |
| Humulus scandens | Japanhopfen | sonnig – schattig, 3–4 m |
| Ipomoea | Prunkwinde | sonnig, 2–3 m |
| Lathyrus | Duftwicke | sonnig, 1–2 m |
| Phaseolus | Feuerbohne | sonnig – halbschattig, 2–4 m |
| Thunbergia | Schwarzäugige Susanne | sonnig, 1–2 m |
| Tropaeolum | Kapuzinerkresse | sonnig – halbschattig, 1–3 m |
| **Ausdauernde Kletterpflanzen** | | |
| Actinidia | Strahlengriffel, Kiwi | sonnig, 2–5 m |
| Clematis | Waldrebe | sonnig – halbschattig, 2–5 m |
| Fallopia | Schlingknöterich | sonnig-schattig, 2–8 m |
| Hedera | Efeu | halbschattig, 3–15 m |
| Lonicera | Geißschlinge | halbschattig, 2–4 m |
| Parthenocissus | Wilder Wein | sonnig – halbschattig, 5–8 m |
| Passiflora | Passionsblume | sonnig, 2–3 m |
| Wisteria | Blauregen | sonnig – halbschattig, 3–6 m |

Eine solche grüne Wand braucht allerdings eine Rankhilfe. Kletterpflanzen klimmen auf unterschiedliche Arten. Die einen winden sich mit ihrem Trieb um eine Stütze, andere haben spezielle Haftorgane, mit denen sie Halt suchen. Viele Pflanzen haben keine Kletterorgane und müssen angebunden werden. Wicken, Kapuzinerkresse, Clematis oder Wilder Wein brauchen Spaliere, deren Streben nicht zu dick sein dürfen. Einen Durchmesser von maximal 2 cm können Ranken gut umfassen. Als Schlinger bezeichnet man Kletterpflanzen, die sich um ihre Stützen winden: Prunkwinde, Knöterich oder Schwarzäugige Susanne gehören zu ihnen. Sie wachsen am besten an Stützen mit rauer Oberfläche.

Ob man fertige Rankhilfen aus dem Fachhandel kauft oder Eigenkonstruktionen anfertigt, ist letztlich egal. Häufig reichen waagerecht gespannte Drähte oder (verrottungsfeste) Schnüre. Der Abstand zwischen den Sprossen oder Drähten sollte höchstens 20–25 cm betragen, damit die Pflanzen sehr dicht wachsen und auch noch bei Stürmen ausreichend Halt finden. Wichtig ist, die Pflanzen „zu führen", also laufend neu anzubinden, denn die meisten Arten wachsen sehr schnell. Allerdings, bevor man an einer Mietwohnung solche Befestigungen montiert, sollte man die Einwilligung des Besitzer einholen.

## Stauden

Für die Gefäßbepflanzung können auch Stauden mit einbezogen oder als Dauerbepflanzung eingesetzt werden. Die Pflanzgefäße sollten nicht zu klein und frostfest sein.

An Stauden hat man mehrere Jahre Freude. Am besten sollte man sie erst im Frühsommer kaufen, dann werden sie nämlich in voller Blüte angeboten, was die Auswahl erleichtert. Neben den Blüten kann auch das Blattwerk besonders attraktiv wirken. Blattschmuckstauden wie Funkien und Bergenien passen zu Astilben, Rittersporn oder Fingerhut. Eine mediterrane Zone mit buntem Salbei, silberlaubigem Heiligenkraut, dalmatinischem Storchschnabel und weißblühendem Leimkraut passt ausgezeichnet in Terrakottaschalen. Wenig anspruchsvoll sind auch Steingartenstauden wie Fetthenne, Hauswurz und Federnelke.

Zwar blühen viele Stauden wochenlang, aber eben nicht den ganzen Sommer. Es kommt auch hier auf die richtige Auswahl an. Da Stauden über mehrere, meist drei Jahre, im Gefäß bleiben, müssen sie im ausreichenden Abstand gepflanzt werden. Im ersten Jahr kann man noch „einjährige" Pflanzen dazu setzen. Im Winter können Stauden nicht erfrieren, wohl aber vertrocknen.

## Gewürzkräuter

Gewürzkräuter sind echte Nutzpflanzen auf dem Balkon. Fertige Pflanzen erlauben eine baldige Ernte. Mit je einem Exemplar von Bergbohnenkraut, Thymian, Majoran, Tripmadam und Rosmarin lässt sich schon ein erstes Basissortiment von Gewürzpflanzen zusammenstellen.

Gewürzkräuter pflanzt man besser allein in ein Gefäß, sie vertragen kurzfristig Trockenheit und haben keinen hohen Nährstoffbedarf. Sie sollten nicht zu dicht ge-

**Links:**
In der Garden line werden Kletterpflanzen wie die Schwarzäugige Susanne genau so verwendet wie Gemüse und Stauden

**Rechts:**
Der Kräutergarten in Töpfen und Schalen sollte auch auf dem kleinsten Balkon nicht fehlen

Basilikum ist besonders wärmebedürftig, notfalls die Pflanze vorübergehend ins Zimmer nehmen

Von der Petersilie sollte man immer mehrere Pflanzen haben, damit man laufend ernten kann

Schnittlauch kann auch direkt zwischen Blumen gesetzt werden

pflanzt werden, denn alle Arten benötigen viel Licht und Luft.

Zu den Kräutern für die Küche gehören natürlich auch Basilikum, Petersilie und Schnittlauch. Hier ist häufig mehr als eine Pflanze notwendig. Man kann sie bis auf Basilikum ruhig zusammen pflanzen. Basilikum ist extrem wärmebedürftig, man stellt ihm deshalb einen eigenen Kasten zur Verfügung.

*Basilikum* muss einen Pflanzenabstand von mindestens 20 cm aufweisen. Bei kühlem Wetter und Regen kann die Pflanze auf einen Wärme- und Regenschutz angewiesen sein. Außerdem verlangt das Kraut eine ausreichende Düngung und, besonders bei warmem Wetter, viel Wasser.

*Petersilie* ist gar nicht so einfach heranzuziehen. Die Keimung dauert lange, und die Samen gehen nur unregelmäßig auf. Besser ist es, Jungpflanzen zu erwerben, von denen man jeweils zwei oder drei zusammen in ein Gefäß mit mindestens 8 l Substrat oder mehrere Pflanzen in einen Kasten mit einem Abstand von 25 cm pflanzt.

*Schnittlauch* gedeiht noch im Halbschatten. Das beliebte Gewürz aus der Familie der Zwiebelgewächse braucht vor allem viel Wasser und eine kräftige Düngung. Hier reicht Kräuterdünger nicht aus, denn es darf kein Stickstoffmangel auftreten. Die Jungpflanzen werden im Abstand von 20–25 cm in Kästen oder in ver-

gleichbare Gefäße gepflanzt. Man kann den ganzen Sommer fortlaufend ernten.

Natürlich lässt sich die Auswahl der Kräuter erweitern. Spezielle Kräutergärtnereien bieten ein umfangreiches Sortiment an.

## Gemüse

Ein „nahrhafter" Balkonkasten kann auch noch hübsch aussehen. Frisches Gemüse aus eigenem Anbau im Minigarten auf Balkon oder Terrasse macht so doppelt Freude.

*Tomaten* sind attraktiv und geschmackvoll. Für den Balkonkasten gibt es extra niedrige Sorten mit kleinen aromatischen Früchten, die auch als Party-Tomaten bekannt sind. Wie bei allen Balkonpflanzen werden die Tomaten ab Mitte Mai als Jungpflanzen mit Topfballen in Balkonkästen ausgepflanzt.

Auf einem Meter Balkonkasten können fünf Pflanzen einer „Minisorte" stehen, die nur 25–35 cm hoch werden. Man muss beim Kauf der Jungpflanzen oder der Samen jedoch genau auf die Sorte achten, sonst erlebt man eine böse Überraschung, denn es gibt durchaus „kleinfrüchtige" Cocktail-Kirschtomaten, die 150–200 cm hoch werden können.

Hier einige Tomatensorten, die für den Balkon besonders geeignet sind: 'MikroTom', 'Red Robin' und 'Yellow Canary'.

*Paprika* kann man ebenfalls auf dem Balkon kultivieren. Es gibt 20–25 cm hohe Sorten mit nur 3–4 cm langen Früchten. Alle Früchte – ob rot, gelb oder grün – sind neben Blumen schön anzusehen. Leider werden selten Jungpflanzen angeboten, sodass man sich diesen Balkonschmuck schon selbst aus Samen vorziehen muss. Mit der Aussaat muss man früh beginnen, damit die Jungpflanzen ab Mitte Mai verfügbar sind. Für den Balkon gut geeignete Sorten sind: 'Apache', 'Cheyenne' und 'Pretty in Purple'.

*Feuerbohnen* bieten nicht nur Schutz vor neugierigen Blicken. Sie blühen prächtig und liefern wochenlang zarte Bohnen. Wegen ihres starken Wuchses sind sie allerdings für kleine Balkonkästen wenig geeignet. Günstig sind Kübel oder andere Gefäße mit mindestens 40 cm Tiefe und 20 Liter Substrat für jeweils 5 Pflanzen. Feuerbohnen ranken 2–3 m hoch, manchmal sogar noch höher. Ab Mitte Mai kann direkt in das Pflanzgefäß gesät werden.

Bewährte Sorten sind: 'Butler' – rotblühend, fadenlos – oder 'Desiree' – weißblühend, fadenlos.

*Pflücksalate* finden ebenfalls im Balkonkasten Platz. Manche Sorten entwickeln dazu ausgesprochen farbfreudige Blätter, andere unterstützen durch zartes Grün die Leuchtkraft der anderen Blüten. Die Aussaat in Kästen kann schon ab Mitte April erfolgen, ist aber bis in den Sommer hinein möglich. Die Ernte beginnt bereits 5–6 Wochen nach der Aussaat. Zuerst werden die unteren Blätter gepflückt, nicht geschnitten, sodass die oberen größer wachsen und zusätzlich neue gebildet werden können. Geerntet wird über mehrere Wochen. In einem Kasten können die Salatpflanzen in einer Reihe, vielleicht vor den Blumen stehen. Der richtige Abstand wird durch Vereinzeln, erreicht, das heißt, man lässt circa alle 15 cm nur eine Pflanze stehen. Die Sorten unterscheiden sich durch die Färbung der Blätter, aber auch im Geschmack. Es werden sogar spezielle, farblich sortierte Sortimente für den Balkon angeboten.

**Links:**
Der Größenunterschied zwischen einer Fleisch- und einer Balkontomate beschränkt sich nicht nur auf die Früchte

**Rechts:**
Bei der Feuerbohne sind nicht nur die roten Blüten, sondern auch die Früchte dekorativ

## Balkon-Kinder-Garten

Für die Kleinen kann der Balkon zum Kinder-Garten werden, wenn sie als Nachwuchsgärtner selbst ausprobieren können, was und wie alles wächst und blüht. Die Anzucht aus Samen dauert den Kindern dabei aber in der Regel zu lange. Daher ist es besser, Jungpflanzen vom Gärtner zu kaufen. Alle Pflanzen müssen robust sein.

Gut geeignet sind Ringelblumen, Tagetes und Sommerastern. Auch Sonnenblumen finden Kinder einfach toll. Dazu etwas zum Naschen: Radieschen und Kresse im Kasten, Erdbeeren oder eine Tomate. Mit der Erdbeersorte 'Temtation' wird eine spezielle, nur 25 cm hohe Sorte angeboten. Die Früchte können von Juni bis Herbst geerntet werden. Bei Tomaten eignen sich die Sorten 'Micro Tom', 'Red Robin' und 'Yellow Canary'.

Kinder wollen ihren eigenen Garten, ob im Zimmer oder auf dem Balkon. Ein richtiger „Kinder-Garten" darf auch etwas Schmutz machen

## Colour line — die kultivierte Art

Colour line ist eigentlich eine Variante der Garden line und eine typisch englische Idee. Der englische Stil beginnt schon bei der Auswahl der Farben. Es sind nicht kunterbunte Kompositionen gefragt, die Kunst besteht in der Beschränkung auf zwei oder drei Töne. Viel Rosa, ein bisschen Weiß, dazu das Grün der Blätter, das ergibt eine harmonische Gesamtwirkung, eben die „feine englische Art". Die Harmonie entsteht durch den geringen Kontrast der Farben.

Dazu kommen dann noch „typisch englische Pflanzen": alte Rosensorten, die man dort ohne Probleme im Kübel kultiviert. Mit dabei sind kletternde Pflanzen in Gefäßen und Schalen, und zwar nicht nur einjährige. Da findet man Clematis, Hortensien, Knöterich oder Wilden Wein. Kombiniert werden die Pflanzen mit einem Fuchsienbäumchen oder einer buntblättrigen Duftgeranie. Alles wird farblich abgestimmt, immer in Verbindung mit dem entsprechenden Zubehör und Mobiliar.

Bei der Colour line muss man aber nicht unbedingt dem englischen Geschmack nacheifern. Hier kommt es eigentlich mehr auf die Umgebung und auf die persönliche Note an. Trendfarben, mal Blau, dann Grün, Gelb oder andere, können eine Rolle spielen. Die Gefäße runden das Ambiente ab. Die Verfügbarkeit der passenden Pflanzen setzt allerdings bei der Gestaltung Grenzen.

Entscheidend sind indes die persönlichen Vorlieben: Soll es ein Plätzchen zum Träumen werden oder will man auf sich aufmerksam machen? Will man die besinnliche Ruhe genießen oder soll es auf dem Balkon mehr gesellig zugehen? Und wie sehen die Farbkompositionen dafür aus?

■ Romantische Stimmung für besinnliche Stunden entsteht durch zarte Pastelltöne.

■ Kräftige Farben, starke Kontraste fordern die Aufmerksamkeit des Betrachters.

■ Fast alle bekannten Sommerblumen gibt es sowohl in kräftigen als auch in zarten Pastelltönen: Ob Geranien und Petunien in Rosarot, hell- oder dunkelblaue Gänseblümchen, weiße oder blaue Glockenblumen, zartes Schmuckkörbchen und duftiges Schleierkraut, rosa oder rote Fuchsien und weiße, rosa oder rote Fleißige Lieschen.

■ Wie in England sollten auch bei uns die Rosen mit an den romantischen Ort gehören, am liebsten als Stämmchen.

■ Für Romantik kann zusätzlich Blütenduft sorgen. Der kann von den alten Rosen, von Duftgeranien, Wicken, einer Schale mit Lavendel oder von Minze herrühren.

■ Wenn man die Terrasse oder den Balkon meist abends nutzt, kann man spezielle Farben wählen. Weinrot oder Blauviolett versinken als erste in der Dämmerung, dann folgen Blau, Rot und zum Schluss Gelb.

■ Die Ausnahme bilden Blüten in strahlendem Weiß. Sie reflektieren noch den letzten Lichtstrahl. Fast alle bekannten Balkonblumen haben auch eine weiße Variante zu bieten, von Begonien über Geranien bis hin zu Nelken und Petunien. Mit weißblühendem Knöterich und weißen Wicken lassen sich Wände beranken. Weiße hängende Petunien, Surfinien oder die Schneeflockenblumen (Sutera) fallen wie ein Wasserfall aus dem Kasten über das Balkongeländer. Auch Blätter können weißgemustert sein, zum Beispiel bei der Weihrauchnessel, bei der Ananasminze und beim Gundermann.

**Wenn man sich zu einer Farbe entschlossen hat, kommt es auf die richtige Präsentation an. Zu jeder Pflanze müssen die passenden Accessoires gefunden werden**

# 2

# Kaufen, pflanzen und pflegen

- Augen auf beim Pflanzenkauf!
- Arbeitsmaterial des Balkongärtners
- Pflanzvorbereitungen
- Pflanzen – Schritt für Schritt
- Pflanzenpflege
- Anzucht und Vermehrung der Balkonpflanzen

# Augen auf beim Pflanzenkauf!

**B**eim Samen- oder Pflanzenkauf sucht man am besten nicht nach „Schnäppchen". Schließlich ist es ein langer Weg zur Züchtung einer Pflanze, Qualitätssamen oder -pflanzen können daher nicht preiswert sein. Für Besonderheiten oder Sorten aus dem Ausland trifft das natürlich noch mehr zu. Zusätzlich muss der Gärtner für Jungpflanzen oder Stecklinge einer geschützten Sorten eine Vermehrungsgebühr bezahlen.

Beim Samen fängt es an: Die Samentüte ist nicht nur als schön bebilderte Hülle gedacht, sie dient im Wesentlichen als Keimschutzverpackung und informiert darüber, wie lange der Samen keimfähig ist. Außerdem werden Tipps zur Aussaat gegeben, wie zum Beispiel der Hinweis, ob es sich um Licht- oder Dunkelkeimer handelt. Im Samenfachgeschäft oder in den Fachabteilungen der Gartencenter hat man große Auswahl und Fachberatung. Im Lebensmittelmarkt kann man dies nicht erwarten!

Bei Pflanzen entscheidet der erste Eindruck: Beschädigte Pflanzen, gelbe Blätter, schlaffe oder geile,

das heißt durch Lichtmangel bedingte, lange, helle, Triebe lassen nichts Gutes ahnen.

Achten Sie beim Kauf auf sattgrüne Pflanzen, glänzendes festes Laub, ausreichenden Knospenansatz, nicht zu kleine Töpfe und die kompetente Beratung durch den Gärtner! Qualität ist zwar zunächst etwas teurer, aber schon bald macht sich die Anschaffung bezahlt. Bei größeren Pflanzen benötigt man eine geringere Zahl. Dadurch kann man vielleicht sogar noch sparen, da solche Pflanzen zügig weiter wachsen. Bei knospigen Pflanzen sollte man sich die

**Solch üppige Pracht entsteht, wenn von Anfang an gesunde, nicht zu kleine Pflanzen gewählt werden. Eben „Gärtnerqualität"**

Erst durch die Hängepflanzen (Surfinia, Mottenkönig usw.) entsteht die richtige Mischung, die den Balkon auch nach Außen herausschmückt

Sorten genau beschreiben lassen. Wenn der Verkäufer diese nicht kennt, wird man kaum die richtige Zusammenstellung für seinen Sommertraum finden. Die Angabe „rot" reicht nicht immer! Auch Musterkästen können eine Hilfe sein. Immer mehr Gärtner treiben einige Pflanzen schon früh im Jahr, so bekommt man einen Eindruck vom fertigen Kasten. Sie können auch Abbildungen benutzen: Zeigen Sie das Bild mit dem Kasten oder der Schale und fragen Sie nach den richtigen Sorten.

Bevor man aber richtig loslegt, wartet man unbedingt auf die Eisheiligen: Pankratius, Servatius und Bonifatius sind für Balkongärtner die wichtigsten Heiligen des Jahres. Erfahrungsgemäß drohen keine Nachtfröste mehr, wenn ihr Besuch Mitte Mai vorbei ist. Dann dürfen auch die empfindlichsten Sommerblumen nach draußen.

Wer die Zeit gar nicht abwarten kann, der achte zumindest auf die Wettervorhersage. Falls noch einmal Nachtfröste angekündigt werden, kann man die Kästen und Kübel in eine geschützte Ecke rücken, vorübergehend in die Garage stellen oder mit Vlies, Tüchern oder Folie abdecken.

Ist es Anfang Mai schon sehr warm und sonnig, sind die Bedingungen zum Pflanzen auch noch nicht ideal. In der Hitze machen frisch gepflanzte Blumen schnell schlapp. Ausreichend gießen kann man auch nicht, weil es den Jungpflanzen noch an Wurzeln mangelt. Auf jeden Fall sollte man bei solchen Witterungsbedingungen mit dem Pflanzen bis zum Abend warten und Kästen oder Kübel tagsüber gegen die Sonne abdecken. Die Pflanzen müssen dann mehrmals täglich übersprüht werden.

# Arbeitsmaterial des Balkongärtners

## Pflanzgefäße und Accessoires

Natürlich kann man Balkonblumen oder andere Pflanzen in die verschiedensten Gefäße setzen – in Balkonkästen, Kisten und Kübel, die auf dem Boden stehen, in Ampeln oder in Hanging Baskets, die an der Hauswand oder an einer Balkonüberdachung befestigt werden. Auch ein alter Waschzuber oder ein Kunststoffgefäß sind geeignet. Nur Bodenlöcher sollten vorhanden sein, damit überschüssiges Wasser schnell wieder abfließt. Körbe werden mit gelochter Folie ausgelegt.

Die Wachstumseigenschaften der Pflanze sind mitbestimmend für die Auswahl des Gefäßes. Kletternde Kapuzinerkresse kann man kaum in einen Geländerkasten setzen, ein hängendes blaues Gänseblümchen nicht in eine flache Kiste, die auf dem Balkonboden steht, den Apfelbaum, die Palme nicht in einen zu kleinen Tontopf.

Selbst wenn Sie sich für den handelsüblichen Geländerkasten entscheiden, hat noch immer die Wahl zwischen solchen aus Kunststoff, Holz, Faserzement, Ton, Steinzeug, Naturstein oder Metall.

Balkonkästen aus *Kunststoff* sind preiswert, leicht, langlebig und lassen sich gut säubern. Immer

Wasserkasten mit Eisenkraut (Verbenen) und Lobelien. Wasserkästen nicht zu klein wählen

---

## PRAXIS-TIPP

Häufigste Ursache für den Ausfall von Balkonpflanzen sind starke Temperaturschwankungen. Zu flache Kästen, Töpfe oder Kübel trocknen rasch aus, ebenso ungünstig sind krugförmige Behälter. Gefäße mit senkrechten oder sich nach unten verjüngenden Wänden sind am besten geeignet.

beliebter sind Kästen und Pflanzkübel mit einem Zwischenboden,
wobei der untere Teil des Gefäßes
als Wasserreservoir dient. Er ist
über Saugdochte oder Gewebestrei-
fen mit dem eigentlichen Pflanzgefäß verbunden. Je nach Größe des
Wasserreservoirs und abhängig
von der Witterung muss nur alle
paar Tage Wasser nachgefüllt werden. Wichtig ist, dass alle Gefäße
einen Überlauf oder saugfähige Be-
wässerungsmatten haben, damit
bei anhaltendem Regen die Pflanzen nicht vernässen. Auch Schlitze,
die eine Kapillarwirkung in der Erde bewirken, sind geeignet. Wie
auch immer der Wasservorrat an-
gelegt ist, auf keinen Fall darf er
den Wurzelraum über Gebühr in
Anspruch nehmen. Man überwacht
den Wasservorrat mithilfe von
Wasserstandanzeigern, die direkt
im Kasten angebracht werden.

Generell sollten Sie nur Gefäße
mit Abflussloch verwenden, damit

Wasserkasten mit
Anzeiger. Wichtig
ist, dass der Vor-
ratsbehälter aus-
reichend Platz für
die Pflanzen lässt

überschüssiges Wasser abfließen
kann. Gebrauchte Gefäße sind vor-
her gründlich zu reinigen, wenn
notwendig zu desinfizieren.

Eine Weiterentwicklung der
oben genannten Gefäße ist der so
genannte Kombi-Gärtner-Kasten.
Durch Verbindungsstücke aus herkömmlichen Gartenschläuchen
kann man bis zu zwölf Gärtner-
kästen miteinander verbinden.

Kästen aus *Holz* passen zu allen
Pflanzen und auf jeden Balkon.
Wer will, kann sie selbst nach Maß
bauen. Aber sie sind schwerer als
Kunststoffkästen und brauchen eine besondere Pflege. In jedem
Herbst sollten sie mit einer Wurzel-
bürste gründlich von Pflanzen-
und Erdresten gesäubert und in jedem Frühjahr vor dem Bepflanzen
wetterfest imprägniert werden.

*Faserzementkästen* sind praktisch unverwüstlich und absolut
wetterfest. Sie können das ganze
Jahr über bepflanzt bleiben. Sind
sie einmal frei, muss man sie säubern. Faserzementkästen lassen
sich ebenso wie Holzkästen pas-
send zur Hausfassade streichen.

Kästen und andere Gefäße aus
*Ton* sind besonders schön und vom

Material her für Pflanzen gut zu empfehlen. Als Geländerkästen sind sie allerdings zu schwer; man wird sie eher auf den Balkonboden stellen. Tonkästen, auch größere Kübel, sind nicht gerade billig; sie können zerbrechen, sind größtenteils nicht winterfest und ebenfalls nur mühsam zu säubern. Eine Alternative sind täuschend echt wirkende Kunststoffgefäße in Terrakottafarben. Gut gemachte sind dabei fast so teuer wie ein Original.

Zu einem Mittelmeergarten gehört allerdings das kräftige Ziegelrot der Tontöpfe. Besonders hochwertig ist echte Terrakotta aus der Toskana, die allerdings auch ihren Preis hat. Farblich unterscheidet sie sich von herkömmlichen Tongefäßen durch die mehlig-weiße Oberfläche. Diese Terrakottaware, die im kleinen Dorf Impruneta hergestellt wird, ist absolut frostfest. Die echten Gefäße erkennt man an einem Stempel auf dem Gefäß, in dem der Ort und der Namen der Manufaktur eingebrannt sind. Preisgünstigere Tongefäße können ebenfalls einen südländischen Eindruck vermitteln, allerdings bleibt dieser Eindruck auf die frostfreien

Faserzementkasten mit einer Bepflanzung aus Dahlien. Solche Kästen kann man mit Fassadenfarben an die Pflanzen oder die Umgebung anpassen

Monate beschränkt. Im Winter können sie durch Feuchtigkeit im Ton leicht platzen.

*Steinzeuggefäße* werden aus Ton, Feldspat und Quarz gebrannt. Viele stammen aus Asien und sind bei uns recht preiswert zu erwerben. Qualitativ, nicht nur was Form und Farbe anbelangt, sind sie sehr unterschiedlich. Manche Glasuren sind so hart, das sie frostfest, andere sind so dünnwandig, das sie bruchgefährdet sind. Für die Pflanzen sind sie jedoch gut geeignet.

*Natursteingefäße* werden zunehmend beliebter. Wenn man noch einen alten Futtersandsteintrog erwischt oder sich ein Gefäß aus Stein leisten kann, hat man die beste Voraussetzung für eine harmonische Bepflanzung. Diese Gefäße eignen sich auch für Dauerbepflanzungen mit Stauden und Gehölzen.

*Metallgefäße* waren früher sehr verbreitet. Besonders wenn es sich

## PRAXIS-TIPP

**Tontöpfe stellt man vor der Bepflanzung mehrere Stunden lang ins Wasser, damit sie später der Pflanze keine Feuchtigkeit entziehen können.**

höher sind. Auch die Länge kann man wählen. Allerdings empfiehlt es sich, lieber zwei kürzere Kästen statt eines langen zu nehmen. Sie sind bequemer zu handhaben und im Winter leichter im Keller unterzubringen.

Für die Kästen sind bis auf Schwarz alle Farben erlaubt. Schwarze Gefäße würden sich in der Sonne so stark aufwärmen, dass die Wurzeln durch den Düngeranteil in der Erde verbrennen.

um Kupfergefäße handelt, die eine richtige Patina ansetzen, können sie wunderschön sein. Auch verzinkte und pulverbeschichtete Stahlgefäße werden heute angeboten. Bei wertvollen oder alten Stücken lohnt die Beschichtung der Innenseite mit einem Kunststoff als Schutz vor Düngesalzen.

Bei der Kastengröße darf man keine Kompromisse eingehen. Sie hat den größten Einfluss auf die Bepflanzung. Die meisten Kästen sind etwa 15 cm breit und hoch, gerade groß genug für Petunien, Geranien und kleinere Balkonblumen, die noch dazu nur einreihig gepflanzt werden können. Kästen mit mindestens 20 x 20 cm, besser noch größere, bieten mehr Gestaltungsmöglichkeiten. Ob kleine Gehölze oder andere ausdauernde Pflanzen, ob Gemüse oder Solitärpflanzen – Pflanzen die einen größeren Wurzelraum benötigen, brauchen Kästen, die breiter und

## Erden

Das Substrat verankert die Pflanzen und speichert den Wasser- und Nährstoffvorrat. Seine Qualität wird durch die Zusammensetzung der Erde bestimmt. Die wichtigsten Bestandteile sind Torf, Ton, Kompost, Sand und Zuschlagstoffe wie Kokosfasern, Lavagestein, Styromull oder Blähton. Solche Erden mischt der Gärtner nicht mehr selbst, sie werden industriell hergestellt. Nur so kann die gleichmäßige Qualität garantiert werden. Wichtig ist auch der Zusatz der Nährstoffe. Man unterscheidet Erden mit Langzeitversorgung von solchen mit einer Startdüngung. In manchen Erden sind auch wichtige Spurenelemente enthalten.

Die Substrate unterscheiden sich aber nicht nur in der Zusammensetzung, sondern auch in der Qualität der Ausgangsstoffe, die die

Strukturstabilität der Erde, ihr Wasserhaltevermögen und die Luftkapazität bestimmen. Bei Torf, Ton oder Kompost wird das zuerst bemerkbar. Ein hoher preiswerter Schwarztorfanteil lässt Erde zum Verschlämmen neigen, deutlich erkennbar bei trockenem Substrat, die Erde „reißt". Ton verbessert das Wasserhaltevermögen, kann aber die Luftkapazität verschlechtern. Ton als Blähton hat indes nur positive Eigenschaften.

Die üblichen Balkonblumen sind mit normaler Blumenerde, die man im Gartencenter oder im Kaufhaus kaufen kann, völlig zufrieden. Besonders gut geeignet sind so genannte Einheitserden. Sie bestehen je zur Hälfte aus Torf und sterilem Ton. Durch Zugabe von gewaschenem Quarzsand oder vulkanischem Gestein, erhält man bei allen Erden die nötige Wasserdurchlässigkeit.

Doch auch unter den Balkonpflanzen gibt es solche mit Sonderwünschen. Surfinia und Petunien wurden schon genannt. Wie Heidekraut schätzen sie einen etwas sauren Boden; Buchsbaum und Nelken mögen eine sandhaltige Erde; Ringelblumen lieben etwas Kalk. Das Gemüse im Balkonkasten braucht besonders nährstoffreiche Erde. So werden immer mehr Spezialerden angeboten. Eine hochwertige Erde deckt meistens alle Wünsche ab. Hierzu zählt Erde, die aus wertvollem Weißtorf und aus einem speziellen Ton besteht. Durch die Art

der beigefügten Nährstoffe wird die Verwendung bestimmt. Natürlich kann man auch den „gepflegten" eigenen oder DIN-geprüften Kompost verwenden. Immer häufiger wird Ersatz für Torf angeboten (Holzrinde). Hier muss man Erfahrung sammeln und vielleicht das Gießverhalten ändern.

Normale Gartenerde ist für Balkonkästen und Gefäße ungeeignet, da sie im Gefäß rasch verdichtet. Fast immer beginnen die Wurzeln nach einiger Zeit zu faulen, weil sie zu wenig Luft bekommen.

**Spezialerde für Balkonkästen enthält meist auch Nährstoffe. Praktisch für die Herbst-/Winterbepflanzung ist ein Schutzdach aus Kunststoff**

## PRAXIS-TIPP

**Gute Erde muss natürlich frei von Krankheiten und Unkrautsamen sein, sie muss ein hohes Pufferungs- und Speichervermögen aufweisen. Kaufen Sie deshalb keine beschädigten Säcke. Bei schadhafter Folie hat die Erde meist schon eine viel zu lange Lagerzeit hinter sich.**

# Möglichkeiten der Bewässerung

Neben dem herkömmlichen Gießen oder der Verwendung von Blumenkästen mit einem entsprechenden Wasserreservoir lassen sich auch automatische Bewässerungssysteme einsetzen, wie beispielsweise das Blumat-System.

Dieses seit vielen Jahren eingesetzte und in der Praxis bewährte System besteht aus einem Zufuhrschlauch mit entsprechenden Verbindungsteilen sowie einer unterschiedlichen Anzahl von Tropfern, die direkt in das Pflanzgefäß gesteckt werden. Die Tropfer funktionieren wie Feuchtigkeitsfühler: Durch das Austrocknen des Kegels entsteht ein Unterdruck, eine Membran im Regler öffnet sich und das

Wasser kann austreten. So wird die Wasserzufuhr zu jedem Gefäß individuell geregelt. Für Pflanzkübel mit einem Durchmesser von 25 cm benötigt man ein System mit einem oder zwei normal großen Tropfern oder eins mit fünf Minitropfern. Mit nur einem Zufuhrschlauch, der einen Durchmesser von 8 mm besitzt, lassen sich bis zu 250 Tropfer versorgen.

Das Blumat-System lässt sich drucklos aus einem Hochtank betreiben. Einfacher ist allerdings der Anschluss an einen Wasserhahn. Ein Druckreduzierer vermindert den Arbeitsdruck, der aber dennoch ausreicht, um Pflanzen noch 4 m über dem Niveau des Wasserhahns zu versorgen, was für die Bewässerung von Ampelpflanzen und Dachgärten besonders praktisch ist.

**Links:**
Bewässerungssystem Blumat mit Druckreduzierer und Tropfer mit einem Tonkegel

**Rechts:**
BETA8, ein anderes System, das ebenfalls jede Pflanze individuell versorgt; Regler mit Holzteil

# Pflanzvorbereitungen

**B**evor es an das Pflanzen geht sollte man einige Vorbereitungen treffen. Das beginnt mit der Auswahl der Gefäße, der Beschaffung der Erde, des Befestigungsmaterial, des Düngers, der Rankhilfen und nicht zuletzt der richtigen Gießkanne oder dem Zubehör für eine andere Art der Wasserversorgung.

Hilfreiche Gartengeräte für den Balkongärtner sind:
- kleine Schaufel,
- kleine Harke,
- Pikierhölzer,
- Eimer zum Mischen der Erde,
- scharfe Gartenschere.

Damit Geländerkästen selbst bei einem Sturm keinen Schaden anrichten können, wenn sie unvermutet beim Unter-Mieter oder gar auf der Straße landen, müssen sie gut befestigt werden. Bevor man als Balkonbesitzer üppige Kästen am Geländer anbringt, sollte man die Stabilität überprüfen. Wenn nur 3 Balkonkästen von 1 m Länge angebracht werden, lastet bereits ein Gewicht von rund 80–100 kg am Balkongeländer.

Dafür gibt es im Fachhandel Spezialhalter aus kunststoffüberzogenem Stahl oder Eisen. Am besten kauft man solche, die sowohl in der Höhe als auch in der Breite verstellbar sind, und daher für die meisten Brüstungs- und Kastenformate passen. Natürlich sollten Sie nur die stabilsten Halter nehmen.

Den Vermieter braucht man für den Balkonschmuck übrigens nicht um Erlaubnis zu fragen. Allerdings muss sichergestellt sein, dass durch den Kasten oder die Ampel keine gefährliche Situation entsteht. Gegebenenfalls muss die Halterung oder das Gitter verstärkt werden. Der Mieter haftet natürlich für Schäden aus unsachgemäßer Befestigung, wie übrigens auch für Wasserschäden.

**Das richtige Werkzeug entscheidet nicht über den Erfolg des Balkongärtnerns aber es erleichtert die Arbeit. Besonders wichtig: eine scharfe Schere**

# Pflanzen –
# Schritt für Schritt

**B**eim Pflanzen ist es sinnvoll, eine bestimmte Abfolge von Arbeitsschritten einzuhalten, die hier im Folgenden kurz beschrieben werden.
1. Bei einfachen Pflanzkästen und Schalen legt man zuerst Tonscherben über die Bodenlöcher, damit diese nicht verstopfen können. Darüber wird dann eine etwa 2 cm dicke Drainageschicht eingebracht; hierzu können Sie Styroporverpackungsflocken, Tonscherben oder Blähton benutzen. Diese zusätzliche Schicht ist nur für einfache Kästen, nicht für so genannte Wasserkästen wichtig, damit über-

schüssiges Gießwasser schnell ablaufen kann und die Pflanzen keine „nassen Füße" bekommen.
2. Nachdem man die Abflussvorrichtungen auf ihre Funktion überprüft hat, wird die Drainageschicht bis zur halben Kastenhöhe mit der entsprechenden Erde bedeckt. Dann kann man die Pflanzen schon einmal, zunächst noch mit Topf, so in den Kasten stellen, wie es einem am besten gefällt. Man muss darauf achten, dass alle Pflanzen genug Platz haben – sie müssen sich ja noch im Laufe der nächsten Wochen entwickeln können – und darauf, dass die Farbzusammenstellung gut wirkt.

Bei Pflanzen, die man mit einer Stütze wie Kunststoffgitter oder Bambussplittstäbe kauft, sollte man die Stützen in den ersten Wochen belassen, damit der Wind oder der Regen die Pflanzen nicht abknicken kann. Kleine Pflanzgittertöpfe, die sich manchmal noch im Ballen finden, sollten keinesfalls entfernt werden.
3. Wenn schließlich alles klar ist, topft man die Pflanzen aus und setzt sie an den vorgesehenen Platz. Lassen sich die gekauften

Bevor entgültig gepflanzt wird, sollte man Stand und Wirkung der Pflanzen überprüfen

**Links:**
Direkt auf das Wasserreservoir oder die Drainage wird die Erde eingefüllt. Zuerst nur so viel, dass der größte Ballen Platz findet

**Rechts:**
Ganz wichtig ist der Kontakt zwischen Substrat und Pflanze. Fest andrücken

**Links:**
Gitter und Pflanzstäbe benötigen einen sicheren Halt. Meist eignen sich dafür nur größere Gefäße

**Rechts:**
Für Schalen und Gefäße sehr wichtig: Zuerst die Solitär- oder Leitpflanze setzen

Pflanzen nicht gleich aus den Töpfen lösen, sollten Sie auf keinen Fall daran reißen. Viel zu leicht brechen Triebe und unnötig viele Wurzeln werden beschädigt. In fast allen Fällen hilft gründliches Gießen, dann löst sich der Erdballen leicht von der Topfwand. Notfalls den Topf zerschlagen oder aufschneiden. Dann füllt man die Zwischenräume mit Substrat auf. Hängende Pflanzen sollten immer schräg über den Kastenrand gesetzt werden. Dadurch zeigt man ihnen, wohin sie wachsen sollen! Nach dem Pflanzen ausreichend gießen.

## PRAXIS-TIPP

Zuerst werden die Leitpflanzen positioniert, erst dann folgen die Begleit- und Hängepflanzen. Für den Pflanzenabstand gilt die Faustregel: bei buschigen Pflanzen mindestens 20 cm, bei kleinwüchsigen noch 10–15 cm. Nicht in Reihe, sondern auf Lücke pflanzen.

# Pflanzenpflege

**U**m eine dauerhafte Freude an Ihren blühenden Balkonpflanzen zu haben, ist eine intensive und kontinuierliche Pflege erforderlich.

## Sichtkontrolle

Neben dem Gießen ist eine regelmäßige Kontrolle der Pflanzen durch das Auge unerlässlich, um welke Pflanzenteile oder gar Schädlingsbefall zu entdecken. Alles Verblühte und Welke muss regelmäßig entfernt werden. Manche Blüten muss man zupfen, Geranien gehören dazu; andere kann man brechen – Ungeübte sollten

*Verblühte und kranke Pflanzenteile, aber auch Samenstände sind regelmäßig zu entfernen*

hierfür besser die Küchenschere benutzen. Aus dem Erscheinungsbild der Pflanze lässt sich auch auf die Nährstoffversorgung rückschließen. Bei besonders starkem Wachstum, bei warmem Wetter oder aber bei einem Mangel an Spurenelementen kann es zu Blattverfärbungen kommen. Bei starkem Wachstum kann ein Rückschnitt erforderlich werden, und zwar immer dann, wenn die Triebe vergeilen und die Pflanzen insgesamt unansehnlich wirken. Ein Rückschnitt bis zu einem Drittel der Pflanze kann Wunder bewirken. Dies kann vor allem bei Salvien, Lobelien und Petunien nach der ersten Hauptblüte nützlich sein.

Auch die Bewässerungssituation sollte geprüft werden: Haben sich die Abzugslöcher zugesetzt? Funktioniert der Wasserstandsanzeiger und das Bewässerungssystem?

## Gießen

Wie schön wäre es, wenn man eine einfache Regel nennen könnte: einmal in der Woche, am Tag usw. Doch der Wasserbedarf der Pflanzen ist von vielen Faktoren abhängig: Substrat, Pflanzen- und Gefäßgröße, Lage, Klima, Luftbewegung, Luftfeuchtigkeit und nicht zuletzt die Sonnenscheindauer spielen eine wichtige Rolle.

Wenn man gießt, sollte das am Morgen oder in den frühen Abendstunden geschehen. Auf jeden Fall müssen die Pflanzen trocken in die Nacht. Bei Sonne möglichst nicht die Blätter oder gar die Blüten befeuchten, da es sonst zu Verbrennungen kommt. Der Regen ist keinesfalls immer ein guter Gießgehilfe. Das Blätterdach der Pflanzen, ein Dachüberstand oder der Wind können leicht verhindern, dass Wasser an die Wurzeln gelangt.

Falsch ist aber auch ein Zuviel an Wasser. Moose und Algen auf der Erde, besonders wenn diese einen hohen Schwarztorfanteil hat, sind ein Indiz dafür.

## Düngen

Im Gegensatz zum Gartenboden, in dem Mikroorganismen aus organischen und mineralischen Stoffen ständig pflanzenverfügbare Nähr-

Mit einer kleinen Gießkanne und einer schmalen Tülle lassen sich Wasser und Dünger gleichmäßig verteilen

stoffe produzieren, ist der Nährstoffvorrat eines Pflanzgefäßes schnell erschöpft. Je nach Pflanzenart und Erde wird es bereits 3–6 Wochen nach dem Pflanzen notwendig, fehlende Nährstoffe durch Düngung zu ersetzen. Fertig gekaufte Erden enthalten in der Regel einen Düngerzusatz, der für circa 6 Wochen reicht. Große Pflanzen verbrauchen diesen Vorrat jedoch entsprechend schneller.

Zwar sind alle Dünger je nach Hersteller unterschiedlich zusammengesetzt, doch enthalten die Volldünger die für Balkonpflanzen notwendigen Hauptnährstoffe wie Stickstoff, Phosphor, Kalium, Calcium, Magnesium und Schwefel. Allerdings besitzen sie meistens zu wenig von den so genannten Spurenelementen wie Eisen, Kupfer, Bor, Mangan, Zink, Molybdän und Kobalt. Am einfachsten ist es, einen flüssigen beziehungsweise

**PRAXIS-TIPP**

Auch für das Gießen der Balkonpflanzen spielt die Wasserqualität eine wichtige Rolle. Auskunft über den Härtegrad Ihres Leitungswassers erteilt das zuständige Wasserwerk. Regenwasser ist natürlich bestens geeignet. Niemals kaltes Wasser verwenden.

einen granulierten Volldünger anzuwenden, der zumindest alle lebenswichtigen Haupt- und Mikronährstoffe enthält.

Wie erkennt man nun, welche Nährstoffe in welcher Menge im Dünger vorhanden sind?

Auf einer Düngerverpackung finden sich hierzu entsprechende Hinweise in Form von mehreren Zahlen, wie zum Beispiel 20 : 10 : 15 : 6. Dies bedeutet, dass im speziellen Fall in 100 Gewichtsteilen 20 Teile Stickstoff, 10 Teile Phosphor, 15 Teile Kalium und 6 Teile Magnesium enthalten sind. Heute fordert der Gesetzgeber zusätzlich auch die Angaben in Gramm. Der Rest sind Zuschlagstoffe und Salze, die teilweise durch den Herstellungsprozess bedingt sind oder als Trägerstoffe beigemischt werden müssen.

Organisch oder mineralisch düngen? Das ist fast schon eine Glau-

bensfrage. Der Pflanze ist es vollkommen gleichgültig, ob sie pflanzenverfügbares Nitrat von einem mineralischen Dünger, einem mineralischen Langzeitdünger oder einem organischen Dünger bezieht. Wichtiger ist, wie schnell die Pflanze die Nährstoffe aufnehmen kann. Dafür ist entscheidend, ob es sich um Dünger in fester oder flüssiger Form handelt.

Hornspäne beispielsweise sind ein typischer organischer Dünger, aber kaum pflanzenverfügbar, denn sie müssen erst von Bodenorganismen aufgeschlossen werden. Hierzu ist Zeit, Feuchtigkeit, Wärme und ein reiches Bodenleben notwendig – Faktoren, die man normalerweise im Blumenkasten in der industriellen leblosen Erde nicht vorfindet.

Flüssige Dünger hingegen sind sofort pflanzenverfügbar und leicht zu verabreichen. Sie werden nach Anleitung dosiert und je nach Pflanzenart einmal pro Woche oder alle zwei Wochen bis etwa Mitte August dem Gießwasser zugesetzt.

Granulierte Dünger werden entweder in Wasser aufgelöst und einmal pro Woche als Kopfdüngung verabreicht oder auf die Oberfläche der Gefäße aufgestreut und locker eingearbeitet. Beim Wässern lösen sich die Salze. Hierzu ist jedoch entsprechendes Fingerspitzengefühl notwendig. Verbrennungsschäden durch Überdosierung sind schnell passiert.

Die übliche Düngung lässt sich mit einem Langzeitdünger als Grunddüngung und entsprechenden flüssigen Nachdüngungen nach Bedarf durchführen.

Langzeitdünger bieten den Vorteil, dass sie im Gegensatz zu schnelllöslichen Volldüngern ihre ummantelten oder schwer löslichen Nährstoffe in Abhängigkeit von Temperatur und Bodenfeuchte langsam und dosiert abgeben. Je nach Typ sichern sie die Versorgung mit Nährstoffen für 3 bis 6 Monate. Der Dünger wird am besten schon beim Umtopfen unter das Substrat gemischt. Sind die Pflanzen bereits getopft oder die Kästen oder Kübel vom letzten Jahr, kann man ihn oben ausstreuen und nach Möglichkeit mit etwas Substrat bedecken.

Maßgebend für die Anwendung eines Düngers sind immer die Angaben des Herstellers auf der Verpackung.

# Schädlings-bekämpfung

Gut gepflegte, mit Wasser und Nährstoffen versorgte Balkonpflanzen werden nur selten von Schädlingen befallen. Entdeckt man an den Balkonpflanzen trotzdem Krankheiten und Schädlinge, muss möglichst schnell etwas unternommen werden. Für die Auswahl der richtigen Maßnahmen ist zunächst eine exakte Diagnose erforderlich.

Die wichtigsten Schädlinge und geeignete Bekämpfungsmaßnahmen:

■ **Echter Mehltau**
Der Echte Mehltau, der die Blätter welken, schrumpfen und schließlich abfallen lässt, ist an einem mehligen grauweißen Belag leicht zu erkennen.
*Bekämpfung:* Spritzen oder stäuben mit Spezialbekämpfungsmitteln

**Echter Mehltau**

■ **Falscher Mehltau**
Tritt er auf, fallen die Blätter ab und die Pflanzenteile sind ebenfalls grauweiß gepudert. Sie fangen aber auch an zu faulen.
*Bekämpfung:* Spritzen mit Spezialpräparaten

**Falscher Mehltau**

■ **Rostpilze**
Rostpilze rufen das Vergilben und Abfallen der mit rostroten Pusteln übersäten Blätter hervor.
*Bekämpfung:* Befallene Pflanzenteile abschneiden; Spritzmittel

**Rostpilz**

**Grauschimmel**

**Blattläuse**

**Schildläuse**

**Weiße Fliegen**

**Bohnenspinnmilbe**

■ **Grauschimmel (Botrytis)**

Oft leiden Geranien im Herbst, vor allem aber auch im Winterquartier, unter der Grauschimmelfäule.
*Bekämpfung:* Chemische Spritzmittel; vorbeugend: genügend Frischluft und die richtige Temperatur

■ **Blattläuse**

Die grünen bis schwarzen Läuse sind meist deutlich zu sehen. Wenn nicht, so zeugen verkrüppelte Blätter von ihrem Auftreten.
*Bekämpfung:* Spritz- und Stäubemittel

■ **Wollläuse**

Diese sitzen in den Blattachseln oder unter den Blättern und sind an wollig-weißen Wachsausscheidungen zu erkennen.
*Bekämpfung:* Spritzmittel

■ **Schildläuse**

Diese Schädlinge sitzen unbeweglich unter kleinen Schildchen.
*Bekämpfung:* Blattlausbekämpfungsmittel oder Spezialpräparate (viele davon ungiftig); auch Absammeln lohnt, aber so werden die Jungtiere nicht vernichtet.

■ **Blasenfüße (Thrips)**

Dabei handelt es sich um mikroskopisch kleine Insekten, die an Knospen, Blüten und Blättern saugen. Die Blätter schimmern silbrig und werden anschließend fleckig und gelb.
*Bekämpfung:* Spritzmittel

■ **Weiße Fliegen (Mottenschildläuse)**

Es sind sehr kleine, weiße Fliegen, deren Larven unter Schildchen auf den Unterseiten der Blätter sitzen. Man findet sie vornehmlich an Fuchsien und Fleißigen Lieschen.
*Bekämpfung:* Blattlausmittel und Spezialpräparate

■ **Rote Spinne (Spinnmilbe)**

Der Befall ist an den zarten Gespinsten an den Blattunterseiten zu erkennen. Die Blätter bekommen gelbe Flecken und fallen ab.
*Bekämpfung:* Insektizide (nur nach eingehender Beratung) und biologische Spritzmittel.

Manchmal hat man es auch noch mit nachtaktiven Insekten zu tun, die am besten abends nach Einbruch der Dunkelheit mit der Taschenlampe aufzuspüren sind. An den Blatträndern fressen verschiedene Käfer, so auch der Dickmaulrüssler. Er knabbert halbrunde, buchtenförmige Löcher vom Blattrand her. Allerdings ist die Gefahr, Käfer im Balkonkasten anzutreffen, gering. Manchmal finden sich Ohrwürmer und Kellerasseln, für die es

**PRAXIS-TIPP**

Von Schädlingen befallene Pflanzenteile sollten Sie immer in den Mülleimer entsorgen und nicht auf den Komposthaufen geben.

unter den Kästen oder in Holzverkleidungen dunkle und feuchte Verstecke gibt. Nachts naschen sie junges Pflanzengewebe, sonst sind sie aber nützlich. Man liest sie regelmäßig ab oder beseitigt ihre Versteckmöglichkeiten. Schwieriger ist es, Schnecken los zu werden; auch hier hilft Absammeln oder das Auslegen von Schneckenkorn.

Lohnend für Balkonpflanzen ist allerdings nur die Bekämpfung von Blattläusen. Pflanzen, die überwintert werden, müssen vor dem Einräumen schädlings- und krankheitsfrei sein.

# Balkonkästen überwintern

Am einfachsten überwintert man Balkonkästen im Gewächshaus oder Wintergarten, aber auch ein Keller tut es. Dieser sollte hell sein und die Temperatur unter 10 °C liegen, ideal sind 5 °C. Die Luftfeuchtigkeit ist in solchen Räumen ziemlich hoch, sodass die Pflanzen nur selten angefeuchtet werden müssen.

Vor dem Einräumen erfolgt ein kräftiger Rückschnitt. Die Pflanzen sollen trotzdem regelmäßig „geputzt" werden.

Steht ein Idealquartier nicht zur Verfügung, weil Heizrohre oder gar der Heizkessel sich in unmittelbarer Nachbarschaft befindet, kann man sich durch Offenhalten des Kellerfensters helfen. Haben sich krautige Triebspitzen von mehr als 8 cm Länge gebildet, müssen sie gestutzt werden.

Die Pflanzen überwintern am besten direkt im Balkonkasten. Ende Februar oder Anfang März werden sie ohne Beschädigung des Wurzelballens herausgenommen und in den frisch gewaschenen, mit neuer Erde versehenen Balkonkasten wieder eingesetzt. Die Kästen werden dann an einen möglichst hellen und circa 15 °C warmen Platz gebracht. Langsam steigert man die Wassergaben temperaturabhängig je nach der Entwicklung von Trieben, Blättern und Knospen. Unbedingt auf Blattläuse achten! Langsam wird nun auch gedüngt, wobei zuerst ein stickstoffbetonter Dünger, später ein Volldünger verwendet wird. Natürlich hat man bei diesen „überwinterten" Kästen nicht gleich am 15. Mai einen blühenden Traum erwarten. Aber Mühe und Geduld werden sich bald lohnen.

# Aussaat und Vermehrung von Balkonpflanzen

Im Allgemeinen werden die Sommerblumen im Mai, manche auch schon im Frühling, als Jungpflanzen gekauft und in Balkonkästen, Schalen oder auf Beete gepflanzt. Die Pflege beschränkt sich dann aufs Gießen, Ausputzen und Düngen. Wer seine Pflanzen selbst heranziehen will, ob auf der Fensterbank oder sogar im Gewächshaus, für den beginnt die Sommerblumenzeit bereits im Januar. Wenn Sie gar Ihre Pflanzen als Stecklinge oder im Kübel überwintern wollen, dann sind Sie rund ums Jahr mit der Pflege Ihrer Balkonpflanzen beschäftigt.

Nun hat nicht jeder ein großes Gewächshaus, ein Zimmergewächshaus tut es aber auch. Je nach Pflanzenart wird schon ab Januar hierin ausgesät, wobei das Hauptproblem der Lichtmangel ist. Wärme wird oft reichlich geboten, das Ergebnis sind zu schnell wachsende, dünne Pflänzchen, die umknicken oder sogar faulen.

Das Zimmergewächshaus oder Minigewächshaus sollte aus stabilem Material gearbeitet sein und einen möglichst hohen, durchsichtigen Deckel besitzen. Es sollte sich einfach reinigen lassen und über eine Belüftung verfügen. In das Gewächshaus stellt man die kleinen Aussaatschalen oder -töpfe. Benötigt wird außerdem ein Wassersprüher oder eine Gießkanne mit feiner Brause. Gut geeignet für die Befeuchtung ist auch ein Gummiball mit Brausenaufsatz, wie er in guten Samenfachgeschäften angeboten wird.

Das Anzuchtsubstrat muss krankheitsfrei und nährstoffarm sein. Am besten verwendet man Spezialerde aus dem Handel. Kompost ist nur geeignet, wenn er zuvor gedämpft wurde.

**Vor der Aussaat wird das Substrat erst am Rand fester angedrückt, erst danach mit einem Holz an der Oberfläche geglättet. Nicht zu fest drücken!**

# Aussaat

Bei der Aussaat von Samen empfiehlt sich folgende bewährte Vorgehensweise:

**1.** Zuerst drückt man das Substrat leicht an, am Rand etwas mehr, weil es dort zuerst abtrocknet. Dann sorgt man für eine glatte Oberfläche.

**2.** Mit einem Stöckchen werden kleine Rillen gezogen, in die dann gleichmäßig und dünn ausgesät wird. Meistens genügt ein Bruchteil des Inhalts der Samenpackung. Auch wenn der Samen mitunter wie Staub aussieht, entwickeln sich daraus innerhalb kurzer Zeit kleine Pflanzen, die sich bei zu dichter Aussaat gegenseitig bedrängen. Lichtkeimer dürfen nicht mit Erde bedeckt werden. Dunkelkeimer (alle Samen ohne einen Hinweis auf der Packung) werden mit wenig Substrat bedeckt. Größere Samen leicht andrücken und abdecken. Jetzt nur noch anfeuchten und mit Folie oder mit der Haube abdecken.

**3.** In der Folgezeit heißt es: regelmäßig anfeuchten und abdecken! Das Kondenswasser am Klarsichtdeckel muss stets entfernt werden, um Tropfenfall zu verhindern. Nun braucht man nur noch die vorgegebene Aussaattemperatur (meist sind 25 °C optimal) und die Keimzeit zu beachten und abzuwarten.

Die Lüftungsklappen des Zimmergewächshauses hält man zunächst geschlossen und wässert auch in dieser Zeit nicht. Alle ein bis zwei Tage muss man prüfen, ob die Samen schon keimen. Sobald dies geschieht, werden die Lüftungsklappen geöffnet und man

Feinen Samen kann man mit trockenem, zuvor desinfizierten, Sand zur Markierung strecken. So lässt sich der Samen besser verteilen

Aussaat- oder Stecklingsgefäße mit der Haube oder einer Folie abdecken. Vorhandene Lüftungsklappen zunächst schließen

## PRAXIS - TIPP

Unbedingt Pflanzenstecker verwenden. Das sind kleine Plastikstreifen, die man beschriftet am Rand in die einzelnen Aussaatreihen oder Töpfe steckt. Zur Beschriftung einen wasserfesten Stift oder einen Bleistift verwenden.

muss auch ab und zu wässern. Der hellste Platz ist nun der beste. Wenn die Sämlinge einige Tage alt sind (oder wenn die Temperatur über 30 °C ansteigt), öffnet man den Deckel, um ihn dann im Laufe der kommenden Tage schließlich ganz zu entfernen. Sobald die Pflanzen eine Größe erreicht haben, dass sie sich berühren, werden sie pikiert, das heißt vereinzelt. Dazu werden neue Schalen mit Aussaaterde befüllt und angefeuchtet. Die Pflanzen sollen beim Herausnehmen aus dem Aussaatgefäß möglichst wenig beschädigt werden. Die Wurzeln werden allerdings (besonders beim zweiten und dritten Pikieren) leicht gekürzt, die Pflanzen wachsen dann freudiger.

Beim Pikieren muss man so viel Abstand lassen, dass die Pflanzen sich gerade nicht berühren. Nicht auf Zuwachs pikieren! Das Pflanzloch wird mit einem Pikierholz vorgebohrt, die Pflanzen so tief wie zuvor eingesetzt und die Erde vorsichtig mit dem Pikierholz angedrückt. Anschließend gießen. Dann müssen Sie nur noch für ausreichende Luftfeuchtigkeit sorgen. Grundregel beachten: wenig gießen, häufiger übersprühen.

**Vermehrung über Stecklinge:**

**1. Links:** Zuerst wird der Steckling von der Mutterpflanze mit einem glatten Schnitt getrennt. Danach werden Blüten, Knospen und bis auf zwei oder drei, auch die Blätter entfernt

**2. Rechts:** Mit einem Holz oder dem Pikierstab wird für weiche Stecklinge ein Loch vorgestochen. Danach gut andrücken

# Vermehrung über Stecklinge

Für viele Pflanzen kommt nur die Stecklingsvermehrung in Frage. Auch hierfür eignet sich das Zimmergewächshaus. Als Substrat verwendet man ebenfalls Aussaaterde, die aber im Verhältnis 1 : 1 mit sauberem Sand gestreckt wird. Genau so gut lässt sich Torf benutzen. Den Sand vor dem Vermischen im Backofen bei 250 °C keimfrei machen. Da die Stecklinge entweder schon im Herbst oder von überwinterten Mutterpflanzen im Frühjahr genommen werden, benötigt man viel mehr Platz als bei der Aussaat.

Am einfachsten werden Kopfstecklinge genutzt, die man mit der Gartenschere abschneidet und auf zwei bis drei Stängelknoten einkürzt. Verwendet man größere Blätter, so werden diese halbiert.

Die Pflanzenteile werden dann mithilfe eines Pikierholzes in das vorbereitete Substrat gesteckt und danach vorsichtig angedrückt. Danach werden die Stecklinge angegossen und der Behälter mit einem durchsichtigen Deckel oder einer Folie versehen. Im Anschluss muss die Wurzelbildung abgewartet werden. Hierfür ist eine hohe Luftfeuchtigkeit und Wärme notwendig. Für die meisten Balkonpflanzen genügt allerdings Zimmertemperatur zur Wurzelbildung. Ist diese erfolgt, wird die Haube oder Folie entfernt. Jetzt sind Frischluft und Luftbewegung wichtig zur Verhinderung von Pilzkrankheiten. Es ist auch wichtig, nicht zu viel zu gießen.

**3. Links:**
Ob Sie einen Ton- oder Torftopf wählen, ist nicht wichtig, nur darf das Gefäß nicht zu groß sein. Es muss gut im Substrat abtrocknen können

**4. Rechts:**
Eine feine Gießbrause verhindert das Ausschlämmen im Gefäß

# Pflanzenporträts –
# Bewährtes und Neues

**U**m Ihnen eine Entscheidungshilfe für die Pflanzenauswahl zu geben, finden Sie in diesem Kapitel Porträts der schönsten Balkonpflanzen mit Hinweisen zu besonderen Merkmalen, Standortbedingungen, Verwendungsart und den wichtigsten Schädlingen. Mit dabei sind Klassiker, aber auch Pflanzen, die erst in der letzten Zeit in den Gärtnereien und Gartencentern zu finden sind. Dazu finden Sie Strukturpflanzen, bei denen es mehr auf Blattfarbe und Wuchseigenschaften und weniger auf die Blüte ankommt.

Jedes Jahr kommen neue Arten hinzu, altbekannte werden wieder ins Sortiment aufgenommen. Nicht immer wird man alle Pflanzen bekommen können, schon gar nicht in der gewünschten Sorte oder Farbe, doch meist findet sich Ersatz.

Auch bei den Sortenangaben kann die Aufzählung nicht vollständig sein. Hier kann Ihnen auch das Studium von Katalogen weiterhelfen.

*Acorus gramineus*
## Goldcalmus

**Merkmale:** Filigran-dekorative Gräser mit hellgelb oder weiß gestreiften, bogig überhängenden Halmen, die fächerförmig angeordnet sind. Behält auch im Winter die schöne Form und Farbe.
**Standort und Verwendung:** Sonne bis Halbschatten; meist zur Herbstbepflanzung verwendet, jedoch auch als Akzentpflanze für Schalen im Sommer geeignet
**Besonderheiten und Pflege:** Pflanzen nicht zu tief und später in den Garten setzen. Staude durch Teilung vermehrbar
**Schädlinge:** Spinnmilben
**Sorten:** 'Ogon'

*Agastache mexicana*
## Indianernessel

**Merkmale:** Nach Minze duftende, 80 cm hohe Pflanze mit aufrechten Ähren. Blütenfarbe Blaurosa und

**Links:**
Goldcalmus ist interessant für die Herbst-/Winterbepflanzung, später sollte man sie in den Garten pflanzen

**Rechts:**
Die Indianernessel ist nicht nur hübsch, sondern sie wird auch als Tee verwendet

Links:
Ageratum-Sorten
werden nicht nur
in blauen Farb-
tönen angeboten.
Weiße und fast
gelbe sind eben-
falls verfügbar

Rechts:
Mahagonigünsel
und andere Arten
der Gattung
eignen sich für
Schalen und Käs-
ten. Nicht nur in
der Herbst-/Win-
terbepflanzung.
Später in den
Garten pflanzen

Weiß; manchmal mehrjährig
**Standort und Verwendung:** Volle
Sonne; als Solitärpflanze für Kübel
und Schalen
**Besonderheiten und Pflege:** Nicht
mehr als ein bis zwei Pflanzen pro
Gefäß; auf gleichmäßige
Ernährung achten. Vermehrung
durch Aussaat
**Schädlinge:** Weiße Fliege
**Sorten:** 'Liquorice Blue', 'Liquorice
White'

_Ageratum houstonianum_
## Blausternchen, Leberbalsam

**Merkmale:** Hellblaue, blaurote,
rosarote oder weiße Blüten an
dichten runden Büschen; Höhe
8–15 cm, neuere Sorten bis
60 cm. Blütezeit von Mai bis
September
**Standort und Verwendung:** Volle
Sonne; im Balkonkasten
**Besonderheiten und Pflege:** Pflanzabstand mindestens 15 cm. Regel-

mäßig, aber nie zu viel gießen. Abgeblühte Blütenstände immer entfernen. Reichlich düngen, am
besten flüssig; bei jeder dritten
Düngung Gießgabe- oder Langzeitdünger verwenden. Auf Eisenmangel achten; üblich ist die Aussaat,
Stecklinge ergeben jedoch gleich-
mäßigere Pflanzen.
**Schädlinge:** Weiße Fliege, Blattläuse
**Sorten:** 'Blaue Donau', 'Hawaii'
(weiß und blau), 'Neptune' und 'Pa-
cific', 'Royal'

_Ajuga reptans_
## Günsel, Mahagonigünsel, Riesengünsel

**Merkmale:** Kriechend-hängende
Pflanze mit herrlich großen, metal-
lisch-glänzenden, schön struktu-
rierten Blättern, die je nach Temperatur zwischen Olivgrün und einem
tiefen Purpurton changieren; andere Arten haben mahagonifarbene
oder panaschierte, rosa überhauch-

**Links:**
Der Gartenfuchs-schwanz gehört mit vielen Sorten zu den interes-santesten Ampel-pflanzen. Für sonnige Plätze erst einge-wöhnen!

**Rechts:**
Strauchmargeri-ten, nicht nur weiße, gehören zu den dank-barsten Pflanzen des Sommerblu-mensortiments

te Blätter. Alle Sorten sind robust und wüchsig. Das Laub setzt imposante Akzente in gemischten Bepflanzungen.

Im Frühjahr erscheinen die Blütenkerzen, mit azurblauen kerzenförmigen Blüten.

**Standort und Verwendung:** Halbschatten und Sonne; alle Pflanzgefäße sind geeignet

**Besonderheiten und Pflege:** Leichte Vermehrung durch Ausläufer fast zu allen Jahreszeiten möglich

**Schädlinge:** Botrytis, Blattläuse

**Sorten:** Riesen-, Mahagoni- und Buntgünsel sind alles Varietäten der *Ajuga reptans*

*Amaranthus caudatus*
## Gartenfuchsschwanz

**Merkmale:** Hängende oder aufrechte quastenähnliche Blütenstände in Rot, Gelb, Braun und Grün; buntes Laub

**Standort und Verwendung:** Vollsonnig bis halbschattig; in Kästen oder Schalen bzw. als Ampel

**Besonderheiten und Pflege:** Reichlich düngen und gießen. Schon die jungen Pflanzen häufiger stutzen, auch in Blühpausen. Vermehrung durch Samen

**Schädlinge:** Blattläuse, Schnecken, Raupen

**Sorten:** 'Grünschwanz', 'Grüner Pinsel', 'Oeschberg', 'Rotschwanz'

*Argyranthemum frutescens*
## Strauchmargerite

**Merkmale:** Weiße, gelbe oder auch rosafarbene Blüten, einfach oder gefüllt. Die Blätter sind länglich rund, stark eingeschnitten und häufig etwas fleischig; hellgrün, manche Sorten fast stahlblau. Blütezeit vom Mai bis zum Frost

**Standort und Verwendung:** Volle Sonne, ohne Zug; empfiehlt sich sowohl als mehrjährige

Links:
In der Bildmitte
die Eisbegonie,
hier in einer Kombination mit sehr
hellen Studentenblumen
Rechts:
Girlandenbegonie,
dankbare Ampelpflanze auch an
nicht sonnigen
Plätzen

Kübelpflanze wie auch als solitäre Leitpflanze

**Besonderheiten und Pflege:** Nicht zu viel gießen. Verblühte Blumen sofort entfernen. Vermehren durch Kopfstecklinge im Hochsommer, die, in kleine Töpfe gesetzt, hell und kühl zu überwintern sind

**Schädlinge:** Echter Mehltau, Blattläuse, Minierfliege, Thrips

**Sorten:** 'Summer Melody', 'Butterfly', 'Silverleaf', 'Vara', 'Sweety'

*Begonia-Semperflorens-Hybriden*
### Immerblühende Begonie, Eisbegonie, Schiefblatt, Ewige Liebe

**Merkmale:** Aufrecht wachsende Pflanze mit roten, rosa oder weißen verzweigten Blüten (Trugdolden) in vielen Farbschattierungen. Blattfarbe je nach Sorte Hell- bis Rotgrün. Große, glänzende Blätter. Blütezeit von Mai bis zum Eintritt des Frosts

**Standort und Verwendung:** Volle Sonne bis Halbschatten. Geeignet für Kästen und Schalen

**Besonderheiten und Pflege:** Regelmäßig gießen, aber Vorsicht vor übermäßigen Wassergaben. Abgeblühte Blütenstände auskneifen. Pflanzenabstand 15–20 cm

**Schädlinge:** Botrytis, Mehltau

**Sorten:** 'Scarlet', 'Bicola', 'Gin' und viele andere

*Begonia Tuberhybrida*
### Knollenbegonie, Girlandenbegonie, Schiefblatt

**Merkmale:** Mehrjährige, aufrecht oder herabhängend wachsende Sorten. Große Vielfalt in Form und Farbe der Blüten und Blätter. Blütezeit von Mai bis Oktober

**Standort und Verwendung:**
Fast immer Halbschatten; eignen sich hervorragend für Ampeln und für die vordere Reihe in großen Blumenkästen

Knollenbegonien zählen zu den Dauerblühern. Laufend putzen, Staunässen vermeiden. Nicht zu früh pflanzen

**Besonderheiten und Pflege:** Auspflanzen in eine nährstoffreiche Blumenerde. Girlandenbegonien vertragen keine niedrigen Temperaturen. Die Vermehrung erfolgt bei den Girlandenbegonien, wie auch bei den Knollenbegonien, durch Samen. Der Hobbygärtner besorgt sich allerdings besser Knollen, die man auch leicht überwintern kann. Diese werden ab Februar in flache Schalen oder Töpfe auf durchlässigem Substrat ausgelegt. Zuerst die Knollen nur wenige Millimeter mit Substrat bedecken. In einen Raum mit feuchtwarmer Luft stellen. Ist der Austrieb ungefähr fingerlang setzt man die Knollen einzeln in 8-cm-Töpfe mit gutem Wasserabzug in lockeres Substrat. Die Knollen 2 cm mit Erde bedecken. Gut durchwurzelte Begonien dann in größere Töpfe umpflanzen, abhärten und schließlich in Kästen, Schalen und Ampeltöpfe setzen. Ab Mitte September das Gießen allmählich einstellen. Wenn das Laub angewelkt ist, die Knollen aufnehmen und die Triebe bis auf einen kurzen Stängel abschneiden. Knollen über Winter in Kästen oder Beutel mit trockenem Torfmull oder Sägespänen legen. Dunkel bei +10 °C und relativ trockener Luft bis Februar lagern. Große Knollen kann man durch Zerschneiden teilen, allerdings muss jedes Stück ein intaktes Auge aufweisen. Die Schnittfläche zuerst etwas antrocknen lassen, mit Holzkohlenpulver pudern, damit kann Fäulnis verhindert werden. Die Teile in Schalen oder Töpfe in sandige Erde legen. Mindestens 20 °C, anfangs nur vorsichtig wässern

**Schädlinge:** Botrytis, Echter Mehltau

**Sorten:** 'Nonstop'-Serie, Girlandenbegonien aus der 'Illumination'-Serie

Links:
Der Goldzweizahn
zählt zu den far-
benfreudigsten
Sommerblumen.
Man kann stutzen
wenn die Pflanze
zu groß wird, sie
blüht bald wieder

Rechts:
Das Australische
Gänseblümchen –
links neben dem
Ageratum – passt
sich jeder Ver-
wendung an.
Niemals domi-
nant, aber immer
besonders
farbenfreudig

*Bidens ferulifolia*
## Goldzweizahn

**Merkmale:** Auffallend gelbe Blüten
und gefiederte Blätter
**Standort und Verwendung:** Volle
Sonne; als Balkon-, Kübel- oder
Ampelpflanze
**Besonderheiten und Pflege:** Im
Sommer phosphor-kali-betont
düngen und reichlich gießen. Bei
zu starker Entwicklung kann man
die Pflanzen ruhig zurückschnei-
den. Sie treiben sofort wieder aus.
Trockenheit führt zum Blütenfall.
Vermehrung durch Aussaat ab Ja-
nuar. Zwei bis drei Pflanzen in ei-
nen Topf mit 14 cm Durchmesser;
mehrmals entspitzen, um ver-
zweigte Pflanzen zu erhalten
**Schädlinge:** Botrytis, Weiße Fliege,
Minierfliege, Thrips
**Sorten:** 'Goldmarie', 'Golden Star',
'Golden Goddess'

*Brachy(s)come iberidifolia,*
*B. multifida*
## Blaues Gänseblümchen,
## Australisches Gänseblümchen

**Merkmale:** *B. iberidifolia*, kompakt
wachsend mit hellblauen, dunkel-
blauen oder rosafarbenen Blüten.
*B. multifida* ist breiter wachsend
und malvenfarbig-rosa blühend.
**Standort und Verwendung:** Sonne;
in Ampeln und Schalen
**Besonderheiten und Pflege:** Kontinuierliche Düngung; lockeres Substrat verwenden. Ausreichende Ei-
senversorgung ist wichtig. Vermehrung durch Aussaat ab Januar
**Schädlinge:** Weiße Fliege, Blattläuse
**Sorten:** *B. iberidifolia*-Sorten:
'Brachy Blue', 'Blausternchen';
Farbsorten:
*B. multifida* 'blau', *Brachycome
multifida* 'Amethyst', 'Blue Daisy'

**Links:**
Die Strohblumen vertragen extrem sonnige Plätze, allerdings keine Staunässe

**Rechts:**
Dieser Kohl ist mehr als nur zum Essen da, im Beet oder Kasten sieht er auch sehr dekorativ aus

*Bracteanthea bracteatum,*
*syn. Helichrysum bracteatum*
## Zwergstrohblume

**Merkmale:** Kompakte Strohblumen, auch niedrig wachsend mit gelben und weißen Blüten. Vielblütig angeordnet

**Standort und Verwendung:** Vollsonnig, regen- und windgeschützt. Geeignet für Kästen und Schalen, einige überhängende Sorten auch für Ampeln

**Besonderheiten und Pflege:** Mittlerer Nährstoff- und Wasserbedarf. Besonders wichtig ist Eisendünger. Pflanzen vor Staunässe schützen. da sonst Pilzkrankheiten drohen. Abgeblühte Blüten vor Samenbildung entfernen. Aussaat März bis April

**Schädlinge:** Weiße Fliege, Pilzkrankheiten

**Sorten:** 'Chico', 'Golden Beauty'

*Brassica oleracea*
## Zierkohl

**Merkmale:** Vielfarbige Formen des Kohls sind erhältlich. Es gibt sowohl längliche als auch buschige Sorten. Besonders die Grünkohlarten sind sogar essbar. Jedoch sollte man sich danach erkundigen bzw. die Beschreibung der Samentüte beachten.

**Standort und Verwendung:** Sonne bis Halbschatten; als Solitärpflanze im Kasten oder Kübel, beliebt auch zur Herbstbepflanzung, meist sogar winterhart

**Besonderheiten und Pflege:** Gehaltvolles Substrat wählen; kräftig wässern und düngen. Aussaat ab Mai bis Juni

**Schädlinge:** Raupen verschiedener Schmetterlinge, Läuse

**Sorten:** 'Sunrise', 'Pigeon', 'Nero di Toscana'

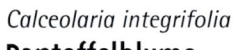

*Calceolaria integrifolia*
## Pantoffelblume

**Merkmale:** Aufrecht wachsende gelbblühende strauchige Balkonpflanze mit einer Höhe von 20–40 cm; Blütezeit: bei neuen Sorten Mai bis Oktober
**Standort und Verwendung:** Halbschatten; in Kasten und Schalen
**Besonderheiten und Pflege:** Nicht zu eng pflanzen. Um dem Austrocknen vorzubeugen, die Pflanzen möglichst tief in die Erde setzen. Verfilzte Ballen unbedingt aufreißen. Wöchentlich mit geringer Konzentration düngen und reichlich gießen. Des öfteren Eisendünger anwenden.
  Vermehrung durch Stecklinge oder Samen. Aussaat ab November bis Februar
**Schädlinge:** Weiße Fliege, Blattläuse, Chlorose (Gelbsucht)
**Sorten:** 'Gold Bukett', 'Golden Bunch', 'Saalegold'

*Calibrachoa-Hybriden*
## Million Bells, Minipetunie, Zauberglöckchen

**Merkmale:** Pflanzen mit enormer Farbenvielfalt: rosafarbene, blaue, rote, gelbe und weiße Blüten
**Standort und Verwendung:** Sonne; in Ampeln und Balkonkasten – fünf Pflanzen pro laufendem Meter Kasten
**Besonderheiten und Pflege:** Unbedingt Substrate mit niedrigem pH-Wert (4,5–5) und guter Luftkapazität wählen. Nach dem Einwachsen mindestens wöchentlich flüssig nachdüngen. Gut geeignet sind ausgeglichene Mehrnährstoffdünger. Ab Mitte Juli zusätzlich 2-mal wöchentlich einen Eisendünger wie GABI Mikro Fe oder Optifer verwenden.
**Schädlinge:** Weiße Fliege, Blattläuse, Blütenthripse, Botrytis
**Sorten:** 'Cherry', 'Terracotta', 'Lemon', 'Trailing Blue', 'Trailing Pink'

Links:
Die Ampel-
glockenblume
wird im Frühjahr
häufig als Zim-
merpflanze ange-
boten. Draußen
fühlt sie sich aber
wohler

Rechts:
Das indische Blu-
menrohr kann zu
gewaltiger Größe
heranwachsen.
Seit kurzem gibt
es aber auch
kleinbleibende
Sorten

*Campanula isophylla*
## Ampelglockenblume

**Merkmale:** Über und über blühende Pflanze mit blauen oder weißen Blüten; Blütezeit: Mai bis Juli; bei Überwinterung mehrjährig
**Standort und Verwendung:** Hell bis sonnig; geeignet für Kasten, Gefäß und Ampel, auch schon vor den Eisheiligen in einer Frühjahrsbepflanzung
**Besonderheiten und Pflege:** Mit ca. 20 cm Abstand in kräftige Erde pflanzen. Reichlich gießen. Nach der Blüte zurückschneiden. Ab September Wassergaben reduzieren, da die Ruhezeit beginnt. Das Winterquartier soll hell und möglichst kühl sein
**Schädlinge:** Weiße Fliege, Blattläuse
**Sorten:** 'Blau' und 'Weiß'

*Canna indica*
## Canna, Indisches Blumenrohr

**Merkmale:** Pflanze mit roten, gelben, orange- und rosafarbenen, manchmal auch zweifarbigen Blüten in Form von langen Ähren, Trauben oder Rispen. Neu sind Sorten mit braunen gestreiften Blättern. Blütezeit Juli bis Herbst
**Standort und Verwendung:** Volle Sonne; kleinere Sorten eignen sich für Blumenkästen, große für Schalen als Solitär
**Besonderheiten und Pflege:** Der Pflanzabstand muss 30 cm betragen. Reichliches Gießen und Düngen sind unerlässlich. Ab Mitte August kürzt man den Haupttrieb des Blütenstandes auf etwa 15 cm Länge ein, wodurch Nebentriebe zur Entwicklung kommen
**Schädlinge:** Botrytis, Spinnmilben, Eulenraupen
**Sorten:** 'Tropical Red', 'Tropical Rose', 'Tropica'

*Coleus Blumei-Hybriden, C. pumilus*
## Buntnessel

**Merkmale:** Mehrjähriges, aufrecht
wachsendes Blattgewächs. 3–4 cm
lange, breit-ovale Blätter, die unregelmäßig tief gebuchtet sind. Karminrote bis braune Blattmitte und
schmaler, hellgelb-grüner Blattrand. Karminlila Blattadern an der
Oberseite. Blütezeit im Winter mit
unscheinbaren Blüten
**Standort und Verwendung:** Hell
und sonnig; im Balkonkasten
**Besonderheiten und Pflege:** Die
Buntnesseln sind anspruchslos, sie
nehmen sogar eine gelegentliche
Ballentrockenheit ungerührt hin.
Gedüngt wird in acht- bis zehntä-
gigen Abständen bis Ende August.
*Coleus* lassen sich im Zimmer an
einem hellen Platz gut überwintern. Die Vermehrung erfolgt über
Stecklinge.
**Schädlinge:** Blattläuse, Botrytis
**Sorten:** 'Salmon Lace', 'Carefree'
und 'Fantasy'

*Convolvulus sabatius*
## Blaue Blütenwinde

**Merkmale:** Blaue Blüten mit saiso-
nal unterschiedlicher Farbinten-
sität; im Gegensatz zur Prunkwinde bleiben die Blüten den ganzen
Tag geöffnet
**Standort und Verwendung:** Sonne
bis Halbschatten; als Ampelpflanze
mit schönen langen Ranken und
zur Begrünung von Mauern und
Rankwänden
**Besonderheiten und Pflege:** Nur bei
ausreichender Nährstoffversorgung
kann mit Blüten bis zum Frost gerechnet werden. Regelmäßig flüssig
düngen
**Schädlinge:** Blattläuse, Spinnmilben
**Sorten:** 'Blaue Mauritius'

**Links:**
Die Mickymaus-Pflanze hat besonders interessante Blüten. Sie wird erst seit kurzem angeboten. Unbedingt ausprobieren

**Rechts:**
Für den Balkon und für Schalen eignen sich natürlich vor allem die Miniaturdahlien: gefüllt und einfach blühend

*Cuphea ignea, C. llavea, C. pallida*

## Zigarettenblümchen, Mickymaus-Pflanze, Streichholzfuchsie

**Merkmale:** *Cuphea ignea* besitzt rote oder orangefarbene Blüten. *C. llavea* hat rote „Öhrchen" mit schwarzem Gesicht, Blüten mit eigenwilliger Form und enormer Leuchtkraft. *C. pallida* bildet lila Blüten aus

**Standort und Verwendung:** Volle Sonne; geeignet als Ampelpflanzen, aber auch für Balkonkasten und Schalen

**Besonderheiten und Pflege:** Eine ausreichende Ernährung ist ebenso wichtig wie regelmäßige Gabe von Flüssigdünger, der eisenhaltig sein sollte. Pflanzen mehrfach stutzen, um einen kompakten Aufbau zu erhalten. Vermehrung durch Stecklinge und aus Samen

**Schädlinge:** Weiße Fliege, Blattläuse

**Sorten:** 'Torpedo', 'Firecracker', 'Tiny Mice'

*Dahlia variabilis*

## Dahlien, Dahlia-Hybriden, Georginen

**Merkmale:** Niedrig bleibende Sorten in allen Farben mit einer langen Blütezeit von Mai bis zum ersten Frost

**Standort und Verwendung:** Volle Sonne bis Halbschatten; als Balkonkasten- und Schalenbepflanzung

**Besonderheiten und Pflege:** Niedrige Sorten werden in 30–60 cm Abstand gepflanzt. Man verwendet Knollen, die mit der Oberseite des Knollenbüschels gut 5 cm unter die Erde kommen. Für den Balkonkasten schon blühende Exemplare kaufen. Vorsichtig, aber regelmäßig gießen, denn der Wasserverbrauch ist recht hoch. Ausgiebig düngen. Verblühte Blumen abschneiden. Eine Überwinterung der Knollen ist möglich.

**Schädlinge:** Botrytis

**Sorten:** 'Figaro'

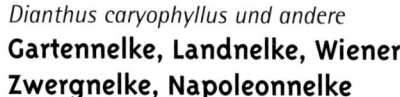

*Dianthus caryophyllus und andere*

## Gartennelke, Landnelke, Wiener Zwergnelke, Napoleonnelke

**Merkmale:** Duftende Blumen mit roten, gelben oder rosafarbenen Blüten. Echte Gebirgshängenelken besitzen herabhängende, bis über 1 m lange Triebe und schmale, pfriemähnliche Blätter. Die gesamte Pflanze ist mit einer feinen Wachsschicht bedeckt.

**Standort und Verwendung:** Hell, aber nicht sonnig und regenge-schützt; nur hängende Formen eignen sich für den Balkonkasten

**Besonderheiten und Pflege:** Pflanzenabstand sollte 25–30 cm betragen. Nährstoffreiches Substrat und regelmäßiges Gießen sind genauso wichtig wie Düngung bei jedem dritten Gießen von Juni bis August. Vermehrung über Stecklinge. Pflanzen können in frostfreier Umgebung überwintern

**Schädlinge:** Spinnmilben

**Sorten:** 'Floristan', 'Wiener Zwerg'

*Diascia barberae, D. elegans, D. rigens, D. vigilis*

## Elfenblume, Elfensporn

**Merkmale:** Zart rosafarbene Blüten mit dunklem Schlund in vielen Variationen. Buschig wachsende Pflanze. Blütezeit während des ganzen Sommers

**Standort und Verwendung:** Sonne bis Halbschatten; für Ampeln, Balkonkästen und Schalen geeignet

**Besonderheiten und Pflege:** Staunässe oder Trockenheit unbedingt vermeiden. Wöchentlich düngen und Eisenmangel ausgleichen. Vermehrung erfolgt über Stecklinge. Bei Überwinterung in Ampelgefäßen den Unterteller entfernen. Pflanzen zuvor kräftig zurück schneiden. Laub muss im Winter rasch abtrocknen

**Schädlinge:** Pythium, Botrytis, Weiße Fliege und Minierfliege

**Sorten:** 'Peach', 'Cherry', 'Red Star', 'Ruby Fields', 'Pink Queen', 'Little Charmer', 'Red Ace', 'Coral Belle'

**Links:**
Die Kapkörbchen werden oft mit Margeriten verwechselt, vergleichbar ist aber eigentlich nur die Blühfreudigkeit

**Rechts:**
Die Kapaster ist nicht leicht zu pflegen, vor allem die Gießkanne darf nur sparsam eingesetzt werden. Jedoch lohnt die Vorsicht

*Dimorphotheca ecklonid*

## Kapkörbchen, Kapringelblume

**Merkmale:** Einjährige Sommerblume in vielen leuchtenden Farben mit kontrastreicher Mitte. Die Pflanzen werden 25 cm hoch, haben dünne, sich reichlich verästelnde Triebe und länglich-lanzettförmige Blätter; die Blüten öffnen sich nur in der Sonne.

**Standort und Verwendung:** Volle Sonne; für die Bepflanzung von Gefäßen und Kästen geeignet

**Besonderheiten und Pflege:** Durchlässiges, nicht zu nährstoffreiches Substrat. Vorsichtig gießen, sie vertragen aber flüssige Düngung recht gut. Neuere Sorten sind genügsamer. Aussaat im April und Mai

**Schädlinge:** Weiße Fliege, Botrytis

**Sorten:** 'Tetra Goliath'

*Felicia amelloides*

## Blaue Kapaster

**Merkmale:** Strahlend blaue, aber auch weiß blühende Sorten mit leicht sukkulenten Blättern; die Pflanzen stammen aus Südafrika, wo sie als immergrüne Sträucher wachsen

**Standort und Verwendung:** Sonne; als Ampelbepflanzung oder als Hochstamm im Kübel geeignet

**Besonderheiten und Pflege:** Vorsichtig gießen, aber für viel Luftbewegung sorgen. Vermehrung über Stecklinge. Überwinterung in mäßig warmer Umgebung und ausreichender Luftfeuchtigkeit; auch im Winterquartier sollten sie ihr Laub nicht verlieren.

**Schädlinge:** Weiße Fliege, Thrips

**Sorten:** 'Blautopf', 'Astrid Thomas', 'Blue Daisy'

Links:
Fuchsien sind nicht nur dankbare Blüher, sondern auch fleißige Wachser. Unbedingt die Samenkapseln regelmäßig entfernen

Rechts:
Als Sonnenkinder gefällt es den Gazanien bei uns nur bei schönem Wetter, sonst haben sie Sehnsucht nach ihrer sonnigen Heimat Afrika

*Fuchsia x hybrida*
## Fuchsie

**Merkmale:** Aufrecht wachsende oder herabhängende Sorten mit weißen, roten, blauvioletten Blüten. Höhe: 20–40 cm. Blütezeit: Mai bis zum Eintritt des Frosts

**Standort und Verwendung:** Halbschatten oder Schatten für die meisten Sorten, neue Sorten vertragen sogar volle Sonne. Verwendung im Balkonkasten, als Solitärin in Ampeln oder als Hochstamm im Kübel

**Besonderheiten und Pflege:** Pflanzabstand im Kasten mindestens 25 cm. Reichlich gießen und ab Wachstums-/Blühbeginn wöchentlich phosphor-kali-betont düngen. Zusätzlich Eisen und im August noch einmal Stickstoff geben. Abgeblühte Blütenstände entfernen.

Vermehrung meist über Stecklinge im Spätsommer und Herbst, seltener über Samen. Ausgewachsene Pflanzen und eingewurzelte Stecklinge kühl, bei 6–8 °C, überwintern. Bereits davor zurückschneiden

**Schädlinge:** Mottenschildlaus, Blattläuse, Botrytis

**Sorten:** 'Beacon', 'Deutsche Perle', 'Shadow Dancer Betty', 'Tom Thumb', 'Winston Churchill'

*Gazania-Hybride*
## Gazanie, Mittagsgold

**Merkmale:** Halbsträucherähnliche Pflanze. Gelbe, rote, orange- oder rosafarbene Blüten mit gelber oder dunkler Mittelscheibe, die von Zungenblüten komplett umrahmt wird. Längliche Blätter mit glatten oder gezähnten Rändern. Die Blattoberseite ist graugrün, die Unterseite meist weißfilzig

**Standort und Verwendung:** Sonne; in Balkonkästen und Schalen

**Besonderheiten und Pflege:** Kräftige, durchlässige Erde und ein großes Pflanzgefäß sind notwendig. Gießen; wöchentlich Volldünger;

Links:
Der Gundermann fällt in der Natur kaum auf, im Gefäß kann man ihn nicht übersehen. Die Pflanzen überwintern meist ohne Probleme

Rechts:
Nicht nur die Blüten der Vanilleblume verzaubern, auch ihr Duft ist auf dem Balkon oder auf der Terrasse unverzichtbar

Vermehrung durch Aussaat Ende Februar (Gewächshaus, mäßig warmes Zimmer). Treibstecklinge im August schneiden und sofort in sandige Erde stecken. Bei +5–7 °C an einem hellen Ort überwintern; im Frühjahr in größere Töpfe setzen
**Schädlinge:** Weiße Fliege, Blattläuse, Botrytis
**Sorten:** 'Daybreak', 'Kiss', 'Talent'

*Glechoma hederacea*
## Gundermann, Nepeta

**Merkmale:** Wenig anspruchsvolle, immergrüne Blattschmuckpflanze mit panaschierten Blättern
**Standort und Verwendung:** Halbschatten und Schatten; Balkonkästen, Ampeln und Schalen
**Besonderheiten und Pflege:** Vorsichtig gießen, wöchentlich mit einem Volldünger düngen. Vermehrung über Kopf- und Teilstecklinge
**Schädlinge:** Spinnmilben, Läuse
**Sorten:** 'Naturform'

*Heliotropium arborescens*
## Vanilleblume

**Merkmale:** Kleine, nicht sehr dichte Sträucher mit länglichen, behaarten, runzligen Blättern an kurzen Stielen. Dunkel- bis tiefviolettblauen Blüten duften nach Vanille
**Standort und Verwendung:** Volle Sonne; geeignet für Balkonkästen und Schalen
**Besonderheiten und Pflege:** Nährstoffreiche, durchlässige Erde ist nötig. Nicht richtig bemessene Wasserzufuhr und trockene Luft schaden nicht. Gelegentlich düngen. Aussaat im Januar/Februar oder Vermehrung durch Stecklinge im Hochsommer. Vanilleblumen sind heikel und brauchen zum Überwintern einen hellen, luftigen Raum bei 10 °C. Allerdings muss fast immer mit Verlusten gerechnet werden.
**Schädlinge:** Blattläuse, Blasenfüße, Spinnmilben
**Sorten:** 'Marine', 'Mini Marine'

*Impatiens-walleriana-X-Hybriden,*
*Impatiens-Neu-Guinea-Hybriden*

## Fleißiges Lieschen

**Merkmale:** Hochwachsende (25–30 cm) und niedrige bis kriechende Formen (15–20 cm) mit Blüten in vielen Farben; gefüllte auch zweifarbig orange- bis scharlachrot. Blütezeit: Mai bis Oktober

**Standort und Verwendung:** Sonnig oder halbschattig; Verwendung in Gefäß und Kasten

**Besonderheiten und Pflege:** Der Pflanzabstand soll 20–30 cm betragen. Reichlich und regelmäßig gießen und düngen. Aussaat von Januar bis April möglich. Vermehrung über Stecklinge ist ebenfalls denkbar, aber die Überwinterung lohnt nicht und ist schwierig. Ausnahme vielleicht bei selten angebotenen gefüllt blühenden Sorten

**Schädlinge:** Blattläuse, Spinnmilben, Botrytis

**Sorten:** 'Orange Peach Ice', 'Blackberry Ice'

*Lamium maculatum*

## Taubnessel

**Merkmale:** Heimische Staude, Blätter meist weiß oder gelblich panaschiert, Blüten weiß oder gelb

**Standort und Verwendung:** Halbschatten oder Schatten; für Ampeln und Schalen; auch zur Herbstbepflanzung geeignet

**Besonderheiten und Pflege:** Stecklingsvermehrung von Ende November bis April möglich. Wenig düngen, Pflanzen sollen nicht verweichlichen

**Schädlinge:** Botrytis, Pythium, Blattläuse

**Sorten:** 'Naturform Selektion', 'White Nancy'

*Lantana montevidensis*

## Wandelröschen

**Merkmale:** Kleine Sträucher von leicht sperrigem Wuchs mit vierkantigen Zweigen und etwas runz-

ligen, eiförmig-länglichen Blättern. Zierliche Blüten, die im Laufe des Flors ihre Farbe wechseln: Weiß, Rosa, Orange, Lila. Blütezeit von Mai bis Oktober

**Standort und Verwendung:** Volle Sonne; als Ampelpflanze, für Blumenkästen und Schalen

**Besonderheiten und Pflege:** Ausreichendes Gießen und wöchentliche Düngung während der Wachstumsperiode mit Volldünger sind unerlässlich (zusätzlich Eisendünger). Früchte unbedingt entfernen, sonst entsteht eine Blühpause. Vermehrung fast nur durch Stecklinge im Hochsommer oder im zeitigen Frühjahr. Die holzigen Stecklinge brauchen zur Bewurzelung 20–25 °C Bodenwärme. Die Sommerstecklinge bei +8 °C hell und luftig überwintern. Im Frühjahr mehrfach stutzen

**Schädlinge:** Blattläuse, Weiße Fliege

**Sorten:** 'Prof. Raoux', 'Sunkiss', 'Aloha'

*Lathyrus odoratus*
## Wohlriechende Wicke

**Merkmale:** Einjährige Rankpflanze mit duftenden Blüten in vielen Farben. Blütezeit von Juni bis September

**Standort und Verwendung:** Möglichst sonnig und geschützt; Verwendung in nicht zu kleinen Gefäßen oder Kästen, darüber hinaus zum Begrünen von Rankgittern und Mauern

**Besonderheiten und Pflege:** Pflanzung oder Direktaussaat mit einem Abstand von 20 cm. Sofort für ausreichenden Halt sorgen. Stäbe oder Fäden ziehen, an denen sich die Triebe emporranken können. Alles Abgeblühte regelmäßig entfernen und die Ranken sorgfältig hochbinden. Reichlich gießen. Wichtig: ab Mitte Juni/Anfang Juli wöchentlich flüssig düngen

**Schädlinge:** Blattläuse, Botrytis

**Sorten:** 'Mammut'

**Links:**
Die Lobelien wer-
den nach einem
belgischen Bota-
niker benannt.
Warum sie aber
Männertreu hei-
ßen, wüsste der
sicher auch nicht

**Rechts:**
Duftsteinrich
bevorzugt kleine
Gefäße, auf jeden
fall ist Staunässe
zu vermeiden

*Lobelia erinus*
## Männertreu

**Merkmale:** Staude mit zahlreichen
dünnen Trieben und lanzettähnli-
chen Blättchen. Hell- oder dunkelblaue, weiße oder karminrote Blüten mit weißem Auge. Aufrecht
und hängend wachsende Sorten
**Standort und Verwendung:** Volle
Sonne; für Blumenkästen und
Schalen, hängende Sorten für Ampeln und Blumenkästen
**Besonderheiten und Pflege:** Übliche
Handelserde ist ausreichend; mäßig
gießen, die Pflanzen dürfen aber
auch gern einmal abtrocknen.
Nur wenig Düngung erforderlich.
Durch Zurückschneiden kann die
Blütezeit verlängert werden. Vermehrung aus Samen möglich, aber
wenig lohnend. Die Überwinterung in Kübeln und Ampeln ist
möglich
**Schädlinge:** Blattläuse, Botrytis
**Sorten:** 'Kristallpalast', 'Kaiser Wil-
helm', 'Schneeflöckchen'

*Lobularia maritima*
## Duftsteinrich, Steinkraut

**Merkmale:** Niedrige, einjährige
Polsterpflanze. Weiße, violette oder
rosafarbene, duftende Blüten. Blätter tief- bis graugrün
**Standort und Verwendung:** Sonne;
in Blumenkästen und als Boden-
decker mit Kübelpflanzen aller Art
**Besonderheiten und Pflege:** Pflanzen mit 10 cm Abstand einsetzen.
Mäßig gießen und nur schwach
düngen. Nach dem ersten Flor unbedingt die Samenstände abschneiden. Aussaat ab April
**Schädlinge:** Läuse, Grauschimmel
**Sorten:** 'Snowdrift', 'Königs-
teppich'

*Lotus maculata, L. berthelotii*
## Lotusblume, Hornklee

**Merkmale:** Recht bizarre Schnabel-
blüten mit kräftig rot und goldgelb geflammter Blüte

**Standort und Verwendung:** Sonniger Standort; als Ampelpflanze
**Besonderheiten und Pflege:** Pflanzen müssen 6–8 Wochen kühl gehalten werden, um zu blühen. Vorsichtig gießen; jede Woche mit einem Flüssigdünger düngen; Pflanzen stutzen; Vermehrung durch Stecklinge; keine Staunässe
**Schädlinge:** Spinnmilben, Läuse, Grauschimmel
**Sorten:** 'Red Flash', 'Gold Flash'

*Nemesia fruticans, N. strumosa*
## Elfenspiegel

**Merkmale:** Vieltriebige Büsche in länglich-runder bis säulenförmiger Form. Ovale bis längliche Blätter, am Rande gesägt. Die Blüten sind 3–4 cm breit und leuchten in den Farben Karminrot, Altrosa, Orange, Weiß und Himmelblau
**Standort und Verwendung:** Sonnige, geschützte Lage; für Blumenkästen und Schalen

**Besonderheiten und Pflege:** Nährstoffreiches, humoses Substrat. Hitze und Wassermangel genau so vermeiden wie Kälte und andauernde Feuchte. Abgeblühte Triebe zurückschneiden. Mäßige Düngung. Vermehrung über Stecklinge
**Schädlinge:** Blattläuse, Thripse, Weiße Fliege
**Sorten:** 'Melanie', 'Blue Bird', 'Innocence', 'Sun Drops', 'Bunter Harlekin'

*Nierembergia hippomanica*
## Glockenblume

**Merkmale:** Blau oder weiß blühende Sorten
**Standort und Verwendung:** Halbschatten; für Ampeln, Balkonkästen und Schalen
**Besonderheiten und Pflege:** Großer Wasser- und Nährstoffbedarf. Aussaat Januar bis März
**Schädlinge:** Weiße Fliege
**Sorten:** 'Purple Robe', 'Mont Blanc'

**Links:**
Die Lotusblume zeigt uns an ihren bizarren Blüten ihre tropische Herkunft

**Mitte:**
Die Elfenspiegel begeistern durch ihre Farbenvielfalt, sie lassen sich leicht selbst vermehren

**Rechts:**
Die Glockenblumen werden häufig als Frühlingszimmerblumen angeboten. Länger blühen sie im Frühlingsbalkonkasten

**Links und Mitte:**
In der Hitliste der Balkonblumen immer noch die Nummer ı: die Geranie. Die Vielfalt der Sorten ist unbeschreiblich

**Rechts:**
Die Surfinien schenken uns bei ausreichender Ernährung wohl die imposantesten Ampelpflanzen. Triebe über ı m sind keine Seltenheit

*Pelargonium*

## Geranie, Pelargonium, Duftgeranie, Efeugeranie

**Merkmale:** Die Blüten zeigen alle Rotschattierungen, ferner Lachstöne, Rosa, Weiß und Lila. Die Blüten sind einfach oder gefüllt. Manche haben goldgelbe, braungezonte Blätter, dann sogar welche in dreifacher Färbung: Braunrot, Gelb, Grün. Blütezeit: Mitte Mai bis zum Eintritt des Frosts

**Standort und Verwendung:** Vollsonnig; geeignet für Balkonkästen und Schalen, als Solitärpflanzen auch für Kübel

**Besonderheiten und Pflege:** Große Pflanzgefäße verwenden, für jede Geranie 3 l Erde zur Verfügung stellen. Je nach Größe 20 cm Abstand, für Efeugeranien mindestens 30 cm vorsehen. Immer 1 cm Gießrand lassen. Geranien nach dem Kauf nicht im Dunkeln stehen lassen und vorhandene Stützstäbe nicht entfernen. Regelmäßig düngen, mindestens einmal wöchentlich mit Flüssigdünger. Verwelkte Blüten regelmäßig herausschneiden oder brechen. Geranien lassen sich überwintern. Bei Frostgefahr sofort zur Überwinterung einräumen

**Schädlinge:** Botrytis, Weiße Fliege, Blattläuse

**Sorten:** Riesige Auswahl

*Petunia-Hybriden*

## Petunien, Surfinien, Surfinia-Petunien

**Merkmale:** Einjährige, aufrecht oder herabhängend wachsend mit unterschiedlichst geformten Blüten. Enorme Farbenvielfalt: Weiß, Rosa, verschiedene Rottönungen, Hellblau. Blütezeit: Anfang Mai bis zum Frost

**Standort und Verwendung:** Vollsonnige, auch halbschattige Lagen; vor allem in Ampeln

**Besonderheiten und Pflege:**
Für die Surfinien gibt es eigene

**Links:**
Wenn der Phlox auch nicht den ganzen Sommer durchblüht, berauscht er durch Duft und Farbenvielfalt

**Rechts:**
Die Weihrauchnessel überwuchert schnell alle übrigen Pflanzen; genügend Abstand zu anderen Pflanzen halten; und regelmäßig stutzen

Substratmischungen. Ständiges Entfernen der abgeblühten Blütenstände wichtig. Aufrecht wachsende Sorten an Stäben hochbinden. Regelmäßig gießen. Ab Mitte Juni muss wöchentlich gedüngt werden, dabei zusätzlich Eisendünger verwenden. Normale Petunien werden in den Gärtnereien durch Aussaat vermehrt, Surfinias teilweise durch Stecklinge
**Schädlinge:** Phytophthora, Botrytis, Echter Mehltau, Blattläuse, Weiße Fliege
**Sorten:** 'Sonja', 'Fantasy', 'Ultra', 'Mirage', 'Million Bells', 'Conchita'

*Phlox drummondii*
## Phlox

**Merkmale:** Rundliche Büsche mit gelben, rosafarbenen und verschiedenen roten Blüten, meistens mit einem weißen Auge in der Mitte. Blütezeit nur einige Wochen. Blätter drüsig behaart

**Standort und Verwendung:** Volle Sonne; für Kästen und Schalen
**Besonderheiten und Pflege:** Mäßig gießen; wöchentlich mit einem Flüssig- oder Langzeitdünger versorgen; Aussaat ab März, früh pikieren
**Schädlinge:** Blattläuse
**Sorten:** 'Palona', 'Dolly'

*Plectranthus coleoides*
## Weihrauchnessel, Mottenkönig

**Merkmale:** Strukturpflanze mit weißbunten Blättern. Stark duftend
**Standort und Verwendung:** Halbschatten oder Sonne; für Ampeln und Kästen
**Besonderheiten und Pflege:** Reichlich und regelmäßig gießen; Langzeitdünger als Basis verwenden, eventuell zusätzlich flüssig mit einem stickstoffbetonten Dünger; Vermehrung durch Stecklinge
**Schädlinge:** Weiße Fliege
**Sorten:** 'Naturform'

Links:
Portulakröschen
sind echte
Sonnenkinder,
es kann gar
nicht hell genug
sein. Vor Dauer-
regen schützen

Rechts:
Die größeren
Sorten des
Salbei für Schalen
und Kübel ver-
wenden. Der Feu-
ersalbei kann in
vielen Farben ge-
pflanzt werden

*Portulaca-Hybride*
## Portulakröschen

**Merkmale:** Viele Rot-, Orange- und Gelbtöne
**Standort und Verwendung:** Sonne; in Ampeln und Kästen
**Besonderheiten und Pflege:** Mäßig gießen. Bei einem verregneten und/oder kalten Sommer hat man mit diesen Pflanzen wenig Glück. Für die Sonne sind sie wie geschaffen. Vermehrung durch Samen, Aussaat Februar bis April, oder durch Stecklinge
**Schädlinge:** Blattläuse
**Sorten:** 'Calypso', 'Sundial'

*Salvia splendens, S. coccinea, S. farinacea*
## Salbei, Salvie, Feuersalbei

**Merkmale:** *S. splendens* meist als Einjahrsblume mit herrlich leuch-tend roten endständigen, ziemlich dichten Trauben. Manche Arten jetzt auch mit tiefblauen Blüten. Aufrecht wachsend. Frisch grüne Blättern mit gekerbt-gesägten Rändern. *S. coccinea* mit aufrechten Blüten, rot und weiß. Blüten ab Juni/Juli. *S. farinacea* mit tiefblauen oder silberweißen Ähren
**Standort und Verwendung:** Heller Standort; vorwiegend in Schalen zu verwenden
**Besonderheiten und Pflege:** Durchlässige und recht nahrhafte Erde. Abstand nach Art wählen. Blütenstände nach der ersten Blüte abschneiden, dann kann sich die Blütezeit von Juni an über den ganzen Sommer hin erstrecken. Mit großer Vorsicht gießen, denn bei zu großer Feuchtigkeit werfen alle Salvien gern die Blätter. Wöchentlich mit einem Volldünger düngen. Alle werden aus Samen vermehrt, der bereits im Januar/Februar ausgesät

wird. Die beiden letztgenannten kann man auch überwintern, allerdings muss man sie stark zurückschneiden.

**Schädlinge:** Spinnmilben, Weiße Fliege

**Sorten:** 'Lady in Red', 'Rhea', 'Strata', 'Scarlett', 'Carabiniere'

*Sanvitalia speciosa,*
*S. procumbens*
## Husarenknopf

**Merkmale:** Gelber Korbblütler, lang blühend, bodendeckend und etwas hängend. *S. speciosa* ist besonders robust, putzt sich von selbst

**Standort und Verwendung:** Volle Sonne, windverträglich; für bunte Kästen und Ampeln, in Blumenschalen, auch zum Blumenschnitt für zierliche, naturhafte Gebinde

**Besonderheiten und Pflege:** Mäßig gießen; geringer bis mittlerer

Nährstoffbedarf. Vermehrung über Samen erfolgreich

**Schädlinge:** Pythium, Blattläuse, Weiße Fliege, Rote Spinne

**Sorten:** 'Golden Sun', 'Aztekengold'

*Scaevola aemula, S. saligna*
## Blaue Fächerblume

**Merkmale:** Die blaue Fächerblume stammt aus Australien, Dauerblüher bis zum Spätherbst. Blaue Blüten, die sich fächerförmig ausbreiten. Selbstreinigende Pflanze. Blütezeit von Mai bis Oktober.

**Standort und Verwendung:** Volle Sonne; geeignet für Ampeln und Kästen, gut geeignet für Kombinationsbepflanzungen, aber braucht einen vollsonnigen Standort

**Besonderheiten und Pflege:** Scaevola bevorzugt ein saures, salzarmes, aber feuchtes Substrat, durchläs-

sige, lockere Erde. Beträchtlicher Dünger- und Wasserbedarf, gleichmäßig feucht halten, Staunässe aber vermeiden. Große Gefäße verwenden. Wöchentliche Düngung mit stickstoffkalibetontem Volldünger. Eisenchlorosen können mit GABI Mikro FE Optifer behoben bzw. vermieden werden. Vegetative Vermehrung durch Kopfstecklinge von etwa 5 cm Länge. Bester Zeitpunkt ab November. Bewurzelungsdauer bei 20 °C etwa 3 Wochen

**Schädlinge:** Weiße Fliege, Minierfliege

**Sorten:** 'Blue Wonder', 'New Wonder', 'Blue Shamrock', 'Scaevola albida Wittchen'

*Senecio bicolor*
## Silberblatt, Greiskraut

**Merkmale:** Einjährige Blattpflanze mit leuchtend weißfilzigen Blättern. Aufrecht wachsend. Blüten uninteressant, die Pflanze hat ihren Reiz in den silbernen Blättern

**Standort und Verwendung:** Volle Sonne. Ideal als Beiwerkpflanze – ob zarte oder leuchtende Blütenfarben, durch das Silberblatt als Begleitung werden alle aufgewertet. Ob Balkonkasten oder Schale, diese Pflanze ist für alle Gegebenheiten ein echter „Lückenbüßer"

**Besonderheiten und Pflege:** Abstand zu den übrigen Pflanzen nur 20 cm. Nicht mit Wasser sparen, ansonsten anspruchslos. Aussaat Februar bis Mai

**Schädlinge:** Botrytis, Blattläuse

**Sorten:** 'Silberzwerg', 'Rauhreif'

Links:
Eigentlich heißen die Tagetes nach den armen, genügsamen Studenten „Studentenblumen". Heute ist weder bei den Studenten noch bei den Blumen Bescheidenheit angesagt: viele Farben, Sorten, große und kleine, mit und ohne Duft

Rechts:
Die Schwarzäugige Susanne sollte man ab Mai als fertige Pflanze erwerben. Eigene Aussaat lohnt sich nicht

*Tagetes erecta, T. patula*

## Studentenblume, Tagetes

**Merkmale:** Einjährige Sommerblumen. Schwefelgelbe, goldgelbe, orangefarbene Sorten mit gekraustem oder glattem Blütenrand. Halbhohe Sorten: 30–50 cm, niedrige: 20–30 cm. Einfach- und gefüllt blühend. Blütezeit dauert von Mitte Mai bis zum Eintritt des Frosts

**Standort und Verwendung:** Standort vollsonnig bis halbschattig, für Kästen und Schalen

**Besonderheiten und Pflege:** Gleichmäßig feucht halten. Hoher Nährstoffbedarf, wöchentlich düngen. Sehr frostempfindlich! Aussaat ab Januar bis April. Bei blühenden Exemplaren die Samenstände entfernen

**Schädlinge:** Botrytis, Blattläuse, Blattwanzen, Spinnmilben, Eulenraupen, Schnecken

**Sorten:** Es gibt sehr viele Sorten, teilweise mit Duft. Das Angebot ist zu groß, um einzelne Sorten zu nennen

*Thunbergia alata*

## Schwarzäugige Susanne

**Merkmale:** Dieser hübsche, etwa 2 m hoch werdende einjährige Ranker besticht durch seine gelben oder weißen trichterförmigen Blüten, die auf dünnen langen Stielen sitzen. Die Triebe winden sich an Klettergerüsten, Stäben oder Gittern empor. Blütezeit von Juni bis Oktober

**Standort und Verwendung:** Eine besonders reiche Blüte erzielt man auf sonnigen, aber geschützten Balkons und Terrassen. Auch für Ampeln geeignet

**Besonderheiten und Pflege:** Aufgrund des Platzbedarfs muss der

Pflanzabstand mindestens 40 cm betragen oder 10 l Erde pro Pflanze vorgesehen werden. Gleich bei der Pflanzung einen Stab zum Ranken einsetzen. Regelmäßig, aber nie übermäßig gießen und im Laufe des Wachstums immer sorgsam anbinden, vor allem auf einem windigen Balkon. Wöchentlich mit einem Volldünger düngen

**Schädlinge:** Blattläuse, Weiße Fliege

**Sorten:** 'Susi'

*Tropaeolum majus*
## Kapuzinerkresse

**Merkmale:** Einjährige Sommerblume, aufrecht oder herabhängend wachsend. Blütenfarben: Hellgelb, Goldgelb, Orangerot bis zum tiefsten Dunkelrot. Einfach und gefüllt blühende Formen. Blütezeit von Juni bis Oktober

**Standort und Verwendung:** Sonne oder Halbschatten. Verwendung in großen Kästen, Töpfen, Schalen

**Besonderheiten und Pflege:** Der Pflanzabstand sollte mindestens 20 cm betragen. Ein nahrhaftes Substrat ist unbedingt notwendig. Ansonsten stellt die Pflanze in der Pflege keine besonderen Ansprüche

**Schädlinge:** Botrytis

**Sorten:** 'Scarlett', 'Alaska'

*Verbena-Hybriden*
## Eisenkraut

**Merkmale:** Reiche Farbskala bei diesen einjährigen Pflanzen, die von Weiß über Rosa und Rot bis zu blauen und violetten Farbtönungen reicht. Die blauen und violetten Farbtöne sind allerdings in der Überzahl. Es gibt niedrige Sorten von zierlichem Wuchs, die eine Höhe von 25 cm erreichen, oder

Links:
Die neuen Verbenen erfüllen viele Farbwünsche, jedoch sind blaue und violette besonders leuchtkräftig

Rechts:
Was ist ein Frühling ohne die beliebten Stiefmütterchen?

breit wachsende, die bis zu 40 cm hoch werden. Blütezeit von Juli bis Oktober

**Standort und Verwendung:** Heller, sonniger Platz; Ampeln und Kästen sind für hängende Sorten besonders geeignet

**Besonderheiten und Pflege:** Je nach Größe und Sorte in einem Abstand von 20–25 cm auspflanzen. Regelmäßig, aber nie zu reichlich gießen; auch an sehr sonnigen Tagen nur wenig wässern. Wöchentlich düngen. Abgeblühte Blütenstände frühzeitig entfernen, um eine mehrfache Blüte der Verbenen zu erreichen. Vermehrung erfolgt durch Aussaat von Januar bis März. Neu gezüchtete Sorten aus Japan haben sich als sehr pflegeleicht erwiesen

**Schädlinge:** Weiße Fliege, Spinnmilben, Blattläuse, Blasenfüße

**Sorten:** 'Aida', 'Ophelia', 'Tapien', 'Temari'

*Viola-Wittrockiana-Hybriden*
## Stiefmütterchen

**Merkmale:** Zweijährige Pflanze mit großen, fünfeckigen und gewellten Blütenblättern in vielfältigen Farben: Weiß. Gelb, Rot, Braun, Blau bis Violett. Hauptblütezeit dauert von März bis Juni

**Standort und Verwendung:** Sonne oder Halbschatten; geeignet für Blumenkästen und Schalen

**Besonderheiten und Pflege:** Erst im Frühling in Kästen oder Schalen setzen, Pflanzabstand 10–15 cm und dabei nahrhaften Humusboden verwenden. In der Wachstumszeit nicht austrocknen lassen. Alle zwei Wochen düngen. Verblühte Blumen regelmäßig ausputzen. Aussaat im August und September; dabei beachten, dass es sich um Dunkelkeimer handelt

**Schädlinge:** Blattläuse, Botrytis

**Sorten:** Viele Sorten

# 4

# Pflanzpläne für unter-schiedliche Standorte

- Arrangements für sonnige Standorte
- Arrangements für halbschattige bis schattige Standorte

# Arrangements für sonnige Standorte

= aufrecht wachsend

= hängend

1. *Pelargonium zonale* (rote Sorte)    2. *Sutera diffusus* 'Snowflake'

**Kastengröße**
40 cm x 15 cm

**Farben**
Weiß – Rot

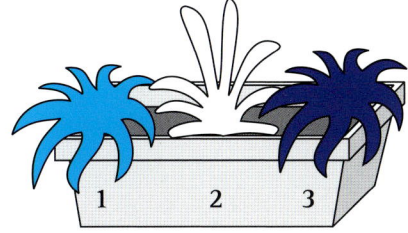

1. *Verbena-Hybride* 'Tapien blau'    3. *Petunia-Hybride* 'Sky Magic'
2. *Pelargonium zonale*
   (weiße Sorte)

**Kastengröße**
40 cm x 15 cm

**Farben**
Weiß – Violett

1. *Bidens ferulifolia*        3. *Heliotropium arborescens*
2. *Lobelia erinus*            4. *Pelargonium peltatum*
   'Blaues Wunder'                (weiß-bunte Sorte)
                               5. *Lotus berthelotii*

**Kastengröße**
60 cm x 15 cm

**Farben**
Gelb – Weiß –
Rot – Blau

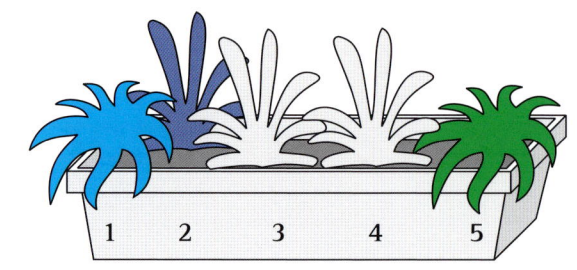

1. *Scaevola saligna* 'Blue Wonder'
2. *Verbena-Hybride* 'Tapien blau'
3. *Nicotiana alata* (weiß)
4. *Lobelia erinus* 'Schneeball'
5. *Plectrantus coleoides* 'Variegata'

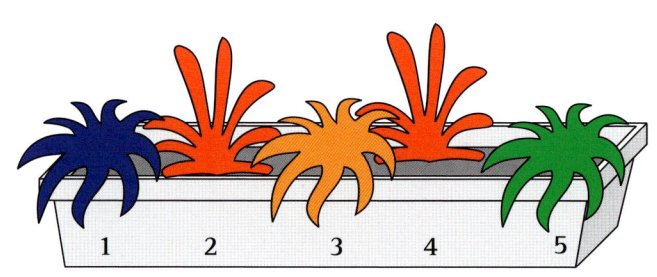

1. *Bidens ferulifolia*
2. *Pelargonium zonale* (rot)
3. *Lotus berthelotii*
4. *Pelargonium zonale* (rot)
5. *Plectranthus coleoides*

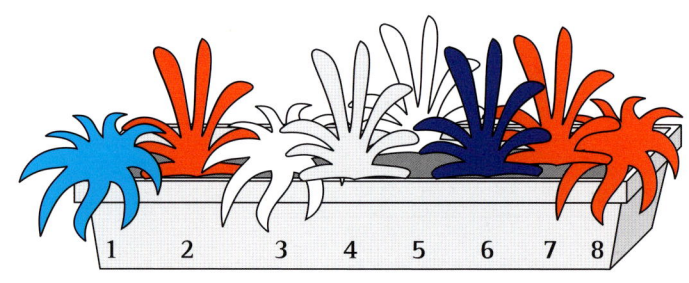

1. *Scaevola saligna* 'Blue Wonder'
2. *Dahlia-Hybride* 'Mignon'-
   Mischung oder 'Dahlinova'
3. *Argyranthemum frutescens*
4. *Lobularia maritima*
   'Snow Crystal'
5. *Pelargonium peltatum*
   'Mexikanerin'
6. *Heliotropium arborescens*
   'Blaues Wunder'
7. *Verbena-Hybride* (rot)
8. *Lotus berthelotii*

**Kastengröße**
100 cm x 15 cm

**Farben**
Blau — Rot —
Gelb — Weiß

1. *Bidens ferulifolia*
2. *Heliotropium arborescens*
   ‘Blaues Wunder’
3. *Sutera diffusus* ‘Snowflake’
4. *Pelargonium zonale* (rot)

5. *Scaevola saligna* ‘Blue Wonder’
6. *Argyranthemum frutescens*
7. *Convolvulus sabatius*
8. *Bidens ferulifolia*

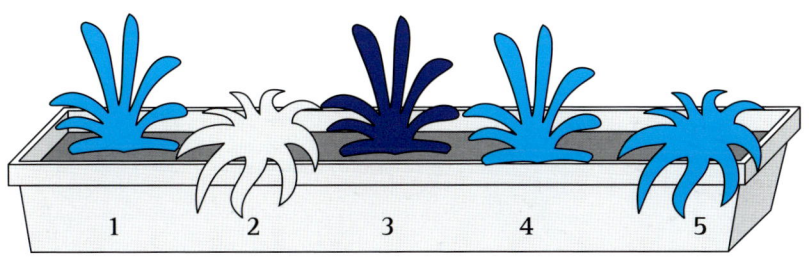

**Kastengröße**
100 cm x 15 cm

**Farben**
Blaues Wunder
aus VIVA
BALKONIA

1. *Brachycome multifida* ‘Amethyst’
2. *Helichrysum petiolare* ‘Silver’
3. *Heliotropium arborescens*
   ‘Marine’

4. *Petunia-Hybride* ‘Neu Blau’
5. *Scaevola saligna* ‘New Wonder’

**Kastengröße**
100 cm x 15 cm

**Farben**
Sonniger Traum
aus VIVA
BALKONIA

1. *Salvia officinalis* ‘Icterina’
2. *Lantana-Camara-Hybride*
   ‘Prof. Raoux’
3. *Bidens ferulifolia* ‘Goldmarie’

4. *Helichrysum bracteatum*
   ‘Golden Beauty’
5. *Origanum vulgare* ‘Aureum’
6. *Gazania rigens* ‘New Magie’

1. *Sanvitalia procumbens* 'Little Sun'
2. *Pelargonium-Zonale-Hybride* 'Alba' (weiß)
3. *Pelargonium-Peltatum-Hybride* 'Leucht Cascade'
4. *Anagallis monelli* 'Skylover'
5. *Helichrysum bracteatum* 'Golden Beauty'
6. *Lobelia erinus* 'Richardii'

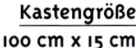

1. *Topfrose* (rosa)
2. *Lavendula angustifolia* 'Hidcote Blue'
3. *Mentha suaveolens* 'Variegata'
4. *Salvia officinalis* 'Purpurescens'
5. *Heliotropium arborescens* 'Marine'
6. *Helichrysum ramossisimum* 'Baby Gold'
7. *Duftpelargonie* (weiß/rosa)

1. *Lantana-Camara-Hybride* 'Schneeflocke'
2. *Calibrachoa-Hybride* 'Million Bells Terrakotta'
3. *Dimorphotheca ecklonis* (gelb)
4. *Verbena-Hybride* 'Freefall Purple'
5. *Diascia-Hybride* 'Coralle Belle'

# Arrangements für halbschattige bis schattige Standorte

**Kastengröße**
40 cm x 15 cm

**Farben**
Rot — Weiß

1. *Fuchsia-Hybride* (rot-weiß, hängend)
2. *Impatiens walleriana* (weiß)
3. *Begonia-Knollenbegonien-Hybride* (rot)
4. *Lobelia erinus* 'Schneeball'

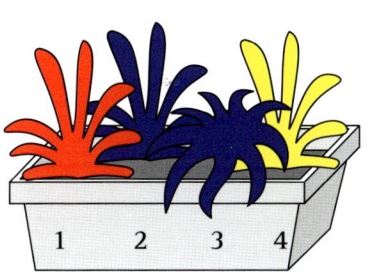

**Kastengröße**
40 cm x 15 cm

**Farben**
Gelb — Rot — Blau

1. *Begonia-Semperflorens-Hybride* 'Scharlach'
2. *Lobelia erinus* 'Blue Night'
3. *Petunia-Hybride*
4. *Calceolaria integrifolia* 'Golden Bunch'

**Kastengröße**
60 cm x 15 cm

**Farben**
Blau — Weiß

1. *Petunia-Hybride* 'Surfinia Blue'
2. *Begonia-Semperflorens-Hybride* (weiß)
3. *Verbena-Hybride* 'Tapien blau'
4. *Heliotropium arborescens* 'Blaues Wunder'
5. *Lobelia erinus*

1. *Petunia-Hybride* 'Surfinia' (weiß)
2. *Begonia-Semperflorens-Hybride*
3. *Plectranthus coleoides*
4. *Impatiens-Neu-Guinea-Hybride*
5. *Nicotiana alata* 'Gnom' (grünweiß)
6. *Sutera diffusus* 'Snowflake'

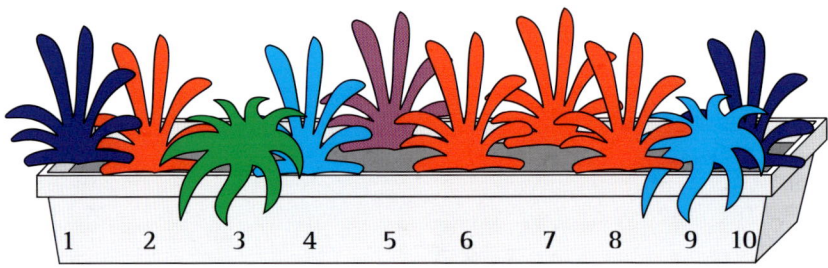

1. *Lobelia*
2. *Fuchsia-Hybride*
3. *Plectranthus coleoides*
4. *Lobelia erinus* 'Blue Wings'
5. *Fuchsia-Hybride* 'Deep Purple'
6. *Begonia-Knollenbegonien-Hybride*
7. *Pelargonium peltatum* (rot)
8. *Begonia-Semperflorens-Hybride*
9. *Convolvulus sabatius*
10. *Heliotropium arborescens* 'Blaues Wunder'

1. *Begonia-Knollenbegonien-Hybride* 'Panorama Scharlach'
2. *Lamium maculatum* 'White Nancy'
3. *Fuchsia-Hybride* 'Koralle' (stehend, orange)
4. *Impatiens walleriana* (rot)
5. *Fuchsia-Hybride* 'Marinka' (hängend, rot)

# Register

---

Im FALKEN Verlag sind zahlreiche Titel zum Thema „Natur und Garten" erschienen.
Bitte fragen Sie überall dort, wo es Bücher gibt.

Sie finden uns im Internet: **www.falken.de**

Dieses Buch wurde auf chlorfrei gebleichtem und säurefreiem Papier gedruckt.

Der Text dieses Buches entspricht den Regeln der neuen deutschen Rechtschreibung.

ISBN 3 8068 2771 0

© 2001 by FALKEN Verlag, 65527 Niedernhausen/Ts.

**Umschlaggestaltung:** Peter Udo Pinzer
**Projektleitung:** Carina Janßen
**Layout:** Lohse Design, Büttelborn
**Fotos:** Jörn Pinske, Gransee: S. 1, 4 r., 5 , 8, 10, 11 l. u., 11 r. u., 15, 17 r., 18, 19, 22, 24, 25, 26, 29, 40, 41, 42, 43, 44 r. o. u. l. u., 45, 46, 49, 50 l., 51, 52 r., 53 r., 54, 55, 56, 57, 58 l., 59 r., 60 r., 62 l., 63 l. u. M., 64, 66, 67 r., 68 r., 70, 71 l., 72; Wolfgang Redeleit, Bienenbüttel: S. 4, 5 l., 6, 9, 11 o., 17 l., 20, 23, 27, 28, 30, 31, 32, 33, 34, 35, 36, 44 l. o. u. r. u., 46, 47, 48, 50 r., 52 l., 53 l., 54, 58 r., 59 l., 60 l., 61, 62 r., 63 r., 65, 67 l., 68 l., 69, 71 r.; FALKEN Archiv, hapo: S. 37, 38
**Grafiken:** FROMM MediaDesign GmbH, Selters/Ts.: S. 73–78
**Gesamtproducing:** FROMM MediaDesign GmbH, Selters/Ts.

Die Ratschläge in diesem Buch sind vom Autor und vom Verlag sorgfältig erwogen und geprüft, dennoch kann eine Garantie nicht übernommen werden. Eine Haftung des Autors bzw. des Verlags und seiner Beauftragten für Personen-, Sach- und Vermögensschäden ist ausgeschlossen.
**Repro:** Lithotronic, Frankfurt

**Druck:** Appl, Wemding